JN061042

Learning & Being

シリーズ 学びとビーイング

［編著］
河口竜行
Kawaguchi Tatsuyuki
木村剛
Kimura Go
法貴孝哲
Houki Takaaki
皆川雅樹
Minagawa Masaki
米元洋次
Yonemoto Yoji

2

授業づくり、授業デザインとの対話

りょうゆう出版

はじめに

『シリーズ 学びとビーイング』の第2巻をお送りします。テーマは「授業づくり、授業デザインとの対話」です。

今回は、プリスクールから小学校、中学・高校、大学、予備校、そして学校の枠の外など様々な現場で活動されている方に加え、授業を受けることとつくることを両方体験している大学生グループにも参加していただきました。

学校のなかで、授業はもっとも大切な時間、もしくは構成要素でしょう。学校を大きなジグソーパズルに例えたら、授業というピースは、いちばん数が多くて、形も多彩なのではないでしょうか。

授業づくり、授業デザインとは、授業をどう構成し、生徒・学生らにどう手渡していくかを考え続けることと言えますが、人から人へ何かをひとまとめにして伝えるというところに注目すれば、プログラムをデザインすることはあらゆる場所で行われているとも言えるでしょう。それぞれの場のデザインの思考や技法を公開し、交流し、刺激し合い、持ち帰り、授業・プログラムの質を高めるお手伝いをしたい、というのが本書の願いです。

最初に学校のなかで、授業はもっとも大切な時間・構成要素と申し上げました。言うまでもないことですが、学生・生徒・子どもたち、そして教職員という人（ひと）は、それとは別の次元で、もっとも大切な存在です。授業づくり、授業デザイン（プログラムづくり、プログラムデザイン）とは、学校や広く教育が行われる場でもっとも大切な二つの存在が交差し、成長するプロセスを進化させていくことかもしれません。

本書をベースにして多くの対話が生まれることを願っています。

2023年4月

編集委員一同

『シリーズ　学びとビーイング』の刊行にあたって

第１巻に掲載したものをそのまま再掲します。

このたび『シリーズ　学びとビーイング』を刊行します。

先行きが見えない社会のなかで、自分は何を大事にするのか？　自分のビーイング（Being：あり方）は何か？　を考え続けてみたい、そして面白いことをやってみたい。教育や学校をテーマにした研修会や本づくりで関わり合ってきた６人が、そんな気持ちを持ち寄ってこの本が生まれました。

この本で考えてみたいテーマは、例えば次のようなものです。

「学校」とはなんだろう？

「授業」とはなんだろう？

「学ぶ」とはなんだろう？

「ドゥーイング（Doing）」ではなく、「ビーイング（Being）」から考えるとはなんだろう？

大きなテーマばかりですが、自分と向き合い、場と向き合い、能力と向き合いながら、どこにいても、どんな時もずっと考え続けていきたいことです。

これらのテーマで本をつくろうということは、６人の間ですぐに決まりました。しかし、具体的な企画を考え始めたところで、誰からともなく次のような言葉が浮かんできました。「これは一冊の本でなにかを提示したり、まとめたりできるようなことではないのでは」「私たちだけで考えるのではなく、多くの志を同じくする仲間と交流をしながら考えていくほうがはるかに大きな成果を生み出すのでは」と。

そんな気づきから「学びとビーイング」をメインテーマにした、寄稿を中心とするシリーズを刊行することに決まりました。『シリーズ　学びとビーイング』は、2022年秋から４冊の刊行を予定しています。

この本の特徴の一つは、シリーズ各巻の特別テーマについての論考を多くの方からの寄稿を中心に構成したことです。教員として現場に立っている方々をはじめ学校以外の多彩なフィールドで活動している方々にも寄稿をお願いしました。日頃、なかなか交流することのない異分野・異業種からの発言は、テーマを深く考えるためのきっかけとなり、より豊かな議論をスタートさせる土台になるのではないかと考えています。

この本は、読者の皆さんに一つの「答え」をお見せするタイプの本ではありません。一つのテーマに対して、この本をベースに対話の場がたくさん生まれることを目指しています。

最後に、この本の編集委員の６人は『シリーズ　学びとビーイング』の刊行を進めるとともに「学びーイングサポーター」として活動していきます。多くの方々と共に歩んでいきたいと思います。

2022年９月

編集委員
（学びーイングサポーター）

河口竜行
木村　剛
法貴孝哲
皆川雅樹
米元洋次
安　修平

連載企画

特別寄稿
授業デザインとの対話

『シリーズ　学びとビーイング』の第２巻となる本書では、「授業づくり、授業デザイン」をテーマにしました。

授業は、多くの先生が、いちばん大事にしているものだと思います。生徒に「わかった！」と理解する喜びを体験してもらいたいから先生になった、学生時代に受けた素晴らしい授業を自分もやってみたかった、という教員志望の理由はよく聞きます。

学校以外でも、人と人、人と自然、人と芸術、人とスポーツ、人と趣味など、人と何かを結びつける場では、伝えたいことをまとめたり、伝わりやすいようにプログラムをつくり、工夫している人がいます。何かを手渡していく、何かに気づいてもらうために工夫をするということは、あらゆる場所で行われているのでしょう。

授業やプログラムをつくるときに、もっとも大事にしているものは何か、どんな考え方を中心において、何を後景にしているのか。それをいま現場で活動されている皆さんに聴いてみたいと27人・グループの方に投げかけました。

出てきた「答え」は多彩です。デザインという言葉ひとつとっても、とらえ方は様々でした。この多彩さのなかに、これからの授業づくり、授業デザイン（プログラムづくり、プログラムデザイン）のヒントがたくさん隠されているように思います。大きなテーマに対して、それぞれの立場から自由に書いてほしいというNいつものとおりの「無茶」なお願いに応えていただいた寄稿者の皆さんに、あらためてお礼申し上げます。

この寄稿をよりどころとして、対話の場がたくさん生まれることを確信しています。

寄稿者の考えをさらに聞きたい、授業を見学したいなどを希望される場合は、本書の173ページをご覧ください。

「総合的な探究の時間」の学びとビーイング(あり方)を考える

西山正三

宮崎県立宮崎東高等学校
定時制課程夜間部 理科教諭

1. 探究学習との出会い「宮崎県立五ヶ瀬中等教育学校」

そもそもの私の探究学習との出会いは教員になって11年目の2006年（この年から13年間この学校に勤務することとなる）全国初の公立の中高一貫校である宮崎県立五ケ瀬中等教育学校赴任からである。

海外の教育などを参考にし、探究学習の教育的効果について、当時の教育長達が可能性を感じ、学校設立当初より取り入れていた。

五ヶ瀬中等教育学校の総合的な探究の時間は「フォレストピア学習」と言い隔週木曜日３時間で行われている。

途中、中学時と高校時の２回論文を書いたのが、高校時の１回だけになったり、森林文化・環境科学・自然観察という３つのテーマグループから環境・経済格差・エネルギー・高齢化の４つのテーマグループに変更されたり、文部科学省からSGH（スーパーグローバルハイスクール）の指定を受けたりと、いろんな変化があり、その都度プログラムをフォレストピア検討委員会で話し合い変えていたが、今現在も探究活動を活発に行っている。

生徒をテーマグループに分けることにより、教員の負担が減り、指導がしやすくなっている反面、探究のテーマの自由さは損なわれているが、今の日本の教員と生徒の数的バランスから見ると、これが適切だと感じている。

赴任して９年目より５年間SGHに指定され、論文作成の手法を学ぶ、English Discussion、イギリス研修等、誰もやったことのないこと（誰もやりたがらないこと）に挑戦したことも良い経験となった。

ちょうどその頃、国際バカロレア（IB）の教育を研究しており、IBの学習者像の中にrisk taker（挑戦する人）というものがあったことも、私のチャレンジ精神を後押ししてくれた。

世界農業遺産の認定を受ける際の審査の時やEnglish Discussionの際に

は、理科の教諭であるが、外国人を相手に、たどたどしいながらも英語で説明を行った。

英語の教員は、はじめ何もしてくれなかったが、これを見て徐々に協力的になり、最終的には英語科が全面的にバックアップしてくれるようになったことはとても嬉しかった。

誰もやったことのないことをやるということは、最初はつらかったが、やってみると達成感が凄く、その後の自分のキャリアにとって、とてもいい経験となった。

2. 探究学習の可能性「宮崎県立宮崎東高等学校定時制課程夜間部」

五ケ瀬中等教育学校では、私が赴任したときすでに探究学習が行われていたが、2019年に赴任した宮崎県立宮崎東高等学校定時制課程夜間部では、全く何も無い状況から始めることになった。

当時の教務主任からやってくれと言われ、最初は戸惑ったが、同時に0から始めるということにワクワク感ももった。

また、周りの職員の協力も大変助かった。職員研修を企画し、目標を一点に定め、職員全員で探究学習を進める体制がとれた。特に当時の校長や副校長にはプロジェクトチームを立ち上げるなど、組織作りを率先して行ってもらった。

徐々に教員の中にも探究学習の可能性に気づくものが現れ、進路と探究学習を結びつけるような講演の企画や、メダルを贈呈すると生徒の自己肯定感が上がるのではないかなど、いろんなアイデアを積極的に出してくれるようになった。

本校は不登校の経験をして入学してくる生徒が比較的多い。不登校経験を持つ生徒達は基礎学力と呼ばれるものが欠けがちである。

しかし、探究学習を経験すると、自分の見つけたテーマを深めるために、自主的に過去の論文を読んだり、課題を証明するためにはどんな方法があるのか調べたり、アンケートをとったり、仮説を立てたりする生徒が不思議と出てくるのに毎度毎度ビックリさせられる。

興味関心が強いものを題材とすると、基礎学力が無くとも、学びがグッと深くなることを実感している。

こうした経験から、まずは生徒の好きなものを見つけることを探究学習のプログラム作りでは意識している。

もう一つ意識しているのは、取材や視察の効果である。

探究学習を本格的にやり始めた翌年、田中義恭参事官（文部科学省）や谷本祐一郎さん（ベネッセコーポレーション）が来られたときには、多角的な指導や対話などの刺激を受けて、生徒も教員もいつも以上に熱心に取り組んでいた。

こういったことが定期的に必要だと感じ、毎年公開授業を入れ、外部の方に来てもらい、指導やアドバイスを受けるようにしている。また、学習指導要領に「生徒がどのように探究の過程を通して学んだかを見取ることが大事である」と書いてあるように、結果より過程に注目して評価する「過程重視探究発表会」を本校を主催校として、2022年度から行っている。

前任校では、探究学習は学力に結びつかないという先生もいたが、本校で令和２年度から行っているベネッセコーポレーションの基礎力診断テストの経過を見ると、国語の授業が２年次に全く無いのに、２年生から３年生に上がるときに国語だけ成績が上がっている。これは総合的な探究の時間が国語力を上げる効果があるということではないか。

今のところ他教科では不明だが、例えば数学なら統計的手法、英語ならEnglish Summaryの作成、理科・社会なら専門的知識でのアプローチなど、他教科も総合的な探究の時間を軸として、積極的に横断的な学習を取り入れていけば、その名の通り総合的に学力を上げるための教科としていける可能性を感じる。

宮崎東高校の総合的な探究の時間の詳細は、以下のURLやQRコードを読んでもらうと８分程度の動画にまとめてある。

https://www.mmfe.or.jp/partners/860/

宮崎東高校の探究の時間の取り組みは、三菱みらい育成財団より助成をいただいたが、この動画は、2021年度成果発表動画のなかで西日本の準グランプリに輝いた。

3. 探究学習の効果（魅力）

探究学習は、フランスでは遠くナポレオン１世の時代から国際バカロレア（IB）のディプロマプログラム（DP）中の必須外部評価課題である課題論文（EE）という形で行われているが、日本にとっては新しい教科である。

教員は授業があると、“教える”という概念で生徒と接することが多いと思うが、総合的な探究の時間は、そう思ってしまうとうまくいかない。

私自身は教科であればその専門性が高い教員がいて当然と思っているが、現実はそうではないし、実際にやってみると知的欲求を満たしたり、「自分で課題を見つけ、自ら学び、自ら考え、主体的に判断し、行動し、よりよく問題を解決する能力（1996年中教審）」などの“生きる力“を養うのに専門性や知識はそこまで必要は無い。

必要なのは生徒と一緒に伴走したり考えたりできる熱意や課題解決のデザインを提示することなのである。

私は今までの経験で、自分の教科の授業がうまくできる人は、他の教科でも授業を上手にデザインし、実行することができると思っている。探究学習も同様である。

そもそも、VUCAの時代だと言われ、その時代に対応する生徒を育てるという明確な意思があれば自ずと文部科学省の言っているような探究学習のやり方や立ち向かい方にたどり着くはずだ。

そこが分かっていれば自分が課題を設定することを教えないといけないとか、課題解決の方法を教えないといけないなどと勘違いしないだろう。生徒が聞きに来てもただうなずいたり一緒に調べたり、調べる方法を一緒に考えたりするだけで良いと分かるだろう。そんな教科なのである。

“一緒に学ぶ、そして大いに悩む（考える）”

簡単に答えが出ないものをテーマにする探究だからこそ、頭を究極に使い成長を促すのだ。

探究の時間は、私たち教員にとっても成長のキッカケとなると思う。

振り返ってみると、総合的な探究の時間を行うことにより、これまでいろんな講演や審査員の依頼があった。

例えば、産業能率大学のフォーラムや、鹿児島県の国際シンポジウム、他県の高校の発表会などに参加させて頂いた。そこで話をしたり、質問を受けたり、他校の実践を見ることは私にとって大きな刺激（学び）を受ける機会になり、自校での授業改善にも大いに役に立った。

総合的な探究の時間は自分にとっても、とても幸せで有意義な時間である。

にしやま・まさみ　啓林館の教科書編集協力者。前任校の宮崎県立五ヶ瀬中等教育学校で文部科学省指定SGHの事務局長を5年間、探究学習は現任校を合わせると17年間行っている。

生徒が「わかった」「できた」を楽しめる授業づくりを目指して
——深く思考し伝え合うために

平川裕美子
福岡県立大牟田北高等学校 主幹教諭
キャリア教育部長・国語科

授業づくりの原点——生徒の姿を想い描く

「眼前のベルトコンベアに流れる荷物をひたすら箱に詰める作業……今の作業がいつまで続きこの先の工程がどうなるのか教えてもらえず、どのように役に立つのかもわからないことがつらかった」。教員３年目に聞いた、企業研修に行った同僚の感想だ。このとき、授業も同じなのではないか……とはっとした。授業とは何だろうか。何のために学校があり、ともに学ぶのだろうか。私自身、生徒の頃から授業に感じていた違和感のようなものがあった。教師が一方向で説明し、生徒はひたすらに黒板を書き写す授業。それは、まさにベルトコンベアに流れるものを詰め込む作業ではなかったか。

入学当初の生徒たちと出会って感じるのは、自分の考えを言葉にするのはあまり得意でない（もしくは慣れていない）ということだ。例えば、授業で意見を求めると「わかりません」と安易に答えたり、単語でたどたどしく答えたりする。記述問題では空欄が目立った。文章の読み取りは表層的で、本文を抜き出す問題では、文章構成を深く考えず字数に当てはまる箇所を探そうとする。入学後のアンケートによると半数近くの生徒が、国語は「好きではない」「あまり好きではない」と答え、その理由の大半は「読むのが面倒くさい」「作者の考えを答える問題がわからない」というものだった。生徒たちは「わからない」のではなく、「考えようとしていない」のではないか。文章を読み思考する楽しさや、考えたことを表現し、友と話し合ってさらに思考を深める面白さを理解し、生徒が持っている力をもっと発揮できるようにしたい。

授業とは何だろうか。教室にいる生徒たちにはどんな姿で授業に臨んでほしいだろうか。その姿を想い描くところから、私の授業づくりは始まった。

授業デザイン——学びの過程を大切にする

文章を読んで深く考え、自分の考えを伝えることのできる生徒を育てたい。やがてその思いは、「単元を貫く問い」として生徒自らが文章を読んで「問い」を立て、それを解決するために深く読み込み、話し合い、根拠をもって導き出した自分なりの考えをスピーチとして伝える授業スタイルになった*1。近年、この授業デザインが探究のサイクル（課題設定→情報の収集→整理・分析→まとめ・表現）と重なることに気づき、学びを深め自走する生徒を育むことにつながるのだと感じている。このサイクルを繰り返していくうちに、不安気だった生徒たちも読んで考え話し合うことを楽しめるようになり、少しずつ自分の考えに自信をもっていきいきと発表するように変わっていく。

私が授業をデザインする上で大切にしているのは、次のようなことである。

(1)「単元のまとまり」を見通して授業をデザインする

単元を通してどのような資質・能力を育むのか、その力がこれから生きる上でどう役立つのか、そのためにどのような学習活動に取り組めばいいのか。生徒自身が見通せる授業を模索するようになった。特に、学習の過程で生徒自身が「自分の考えをもつ」ことを重視している。まず、単元の初めに生徒は文章を読み、「なぜ筆者は○○と考えたのか」「○○と表現した意図は何か」など、自分なりの「問い」を立てる。そして、私は「皆さんが立てた『問い』について、自分なりの考えをまとめて単元最後に発表しよう」とアウトプットを予告する。すると、以後の文章読解では生徒各自が自身の「問い」を常に念頭に置き、その答えを自分の頭で考え、根拠を探しながら主体的に文章を読み始める。

(2)「言語活動」を大切にする

「陸上競技の走り方やハードルの跳び方を学ぶとき、教科書で読んで理解するだけで、速く走ったり高く跳んだりできるようになるでしょうか」。これは、生徒たちが言語活動にまだ慣れず積極的に取り組めないときに、いつも話すたとえ話だ。実際に走ってみて初めて「できる」ようになり、走るための知識や技能の「理解」もより深まるはずだ。話し合い、教え合いや発表などの言語活動は、生徒が「わかる」と「できる」を往還する重要な機会だと私は考えている。その際、単元の初めにルーブリック等の評価基準を提示しておくと目標が明確になり、より効果的な活動につながっていく。

(3)「相互評価・自己評価」の場面をつくる

スピーチは、まずルーブリックを使ってペアで相互評価に取り組む。伝える活動は他者を強く意識して文章を書くため、客観的で論理的な思考力や表現力の育成につながる。「評価シート」はルーブリックだけでなく、話し手の主張を要約して書く欄や、話し手へのメッセージを書く欄を設けることで聞く力の向上も図る。その後の自己評価では、他者の考えを知ることで自分の考えを広げ深め、新たな気づきにつながった記述が多い（最後に原稿を修正し提出したものを教師が評価）。自己評価で自分ができたことや学んだことを確認し、小さな成功体験を積み重ねることが自信につながり、学ぶ楽しさにつながっていく。

学びの場づくり――体験こそ学びの原動力

コロナ禍において学校行事等の重要性を改めて強く実感した。学校の教育活動全体において、体験活動は「学びの原動力」を育む大切な場である。数年前、県教育センターの長期派遣研修員として「自己効力感（Self-Efficacy）」について学ぶ機会があった。自己効力感とは、行動する前に自分のもつ力を信じ、実行できるという見通しをもつことである。この力は、生徒が自らの行動を決定する上で重要であり、新たな課題に向き合い激動の社会を生きるために大切な力である。自己効力感の信念の源には「４つのソース（source／情報源）」[*2]が必要とされるが、その「４つのソース」を授業に組み込むことが、生徒の「学びに向かう力」を育むのに大変有効であると感じている。

〈自己効力感を高める４つのソース〉[*3]

①「達成体験」……自分でやってみてできた体験

②「代理体験」……他者ができた状態を見る体験（ペアや全体での発表など）

③「承認体験」……他者から励まされたり、自分を認めて褒めたりする体験

④「情動的安定」……共感的人間関係の中での安心・安全の場の認知体験

※①～④の各ソース（情報源）のラベリングや定義は筆者による授業に合わせた解釈

自分がやってできた①「達成体験」はもちろんだが、他者ができた状態を見る②「代理体験」も大切であり、級友や先輩、教師、地域の大人などたくさんの人との関わりやつながりの中でロールモデルと出会うことの価値もここにある。また、相互評価で他者から褒められたり、自己評価で自分ができたことを振り返り認めたりすることも重要な③「承認体験」であり、それらの体験活動

は④「情動的安定」(安心・安全)の場で行われることが不可欠なのである。

共創する学びへ――生徒とともに在り方生き方を考える

生徒とともに授業をつくりたい。ICTの利活用は授業や学びの形を大きく変えた。例えば、生徒が発表するスピーチの資料は授業前にクラウドに提出し、作品の理解を深める問いなどについてはアンケートフォームに事前回答し、共有する。自分の考えをもって臨むため、授業は生徒の工夫に満ちた発表や意見交流の場となった。学びが、より主体的になり教室から時間や空間を超えて広がっていくのを感じている。また、授業づくりにおいては生徒の意思決定の場をつくることも大切にしている。そのため授業アンケートが欠かせない。生徒にとって学びの振り返りになり、私自身にとっても生徒の声を聴き、自分の授業を見つめ直す貴重な振り返りの場となる。「もっと和歌について話し合いたい、好きな和歌を解説する活動をしたい」など、学ぶ意欲が授業に命を吹き込む。

生徒主体の授業を目指し、生徒が作品を解説する場づくりを行っているが、生徒のアンケートを読んでいて、たまに目にするのが「私(生徒)が授業をしていて……」という表現だ。生徒が主語の文なので「授業を受けて」ではないのかと思いつつ、いや、受け身ではなく生徒が主体の授業を目指しているのだから、生徒が「私が授業をする」と表現するのは正しいのかと、ひとり微笑んでしまうことがある。

教師を目指していた大学生の頃に聞いた、教育実習先の指導教諭の言葉が今も私の胸の中にある。「教師は大変な仕事だと思う。仕事をしていて９割は大変だな、きついなと思うこと。でも、１割は嬉しいことがある。そしてそれは、たぶん他の仕事では経験できない、ものすごく嬉しいことだ。だから、教師はやめられない」と。この言葉を聞いたとき、私の中にひとつの覚悟ができた。生徒の授業中の姿、振り返りやアンケートに綴られた言葉を見るたびに、大きな喜びと背筋が伸びる思いを感じる。生徒が「わかった」「できた」を楽しめる授業を目指して、授業づくりを楽しんでいきたい。

参考文献

*1　リクルート(2017)「生徒を見取って授業をデザイン/教科でキャリア教育(第21回 国語)」『Career Guidance, FEB. Vol. 416』, 54-57

*2　坂野雄二・前田基成編著(2002)『セルフ・エフィカシーの臨床心理学』北大路書房

*3　平川裕美子(2018)「自分の考えを自信をもって伝える生徒を育てる学習指導～国語科における４つのソースを生かした『対話的活動』『振り返り活動』を通して～」福岡県教育センター『平成29年度長期派遣研修員研究報告書』, 163-168

ひらかわ・ゆみこ　福岡県教育センター長期派遣研修員や福岡県筑後地区定時制単位制高校設立準備室員等を経て現任校勤務。キャリア教育指導者養成研修(NITS主催)の講師等も務める。令和４年度文部科学大臣優秀教職員表彰、令和４年度福岡県公立学校優秀教職員表彰受賞。

生徒の生き方に迫る授業づくりを目指して

黒瀬直美
広島城北中・高等学校 国語科教諭

授業構想で最も大切なもの

授業者は見てきた授業、受けてきた授業の枠の中で授業を構想するものである。見たこともない授業をイメージすることは困難だからだ。

そういう意味では私は恵まれていた。中学・高等学校とパフォーマンス課題や協働学習に触れていた。授業を受ける度、新しいものの見方を得て、自分の考えが深まった。その体験は、今でも自分自身のものの見方や考え方の土台となって生きている。

教員になって、そういう授業をしたいと思ってきた。生徒が学びたいと意欲をかき立てられ、授業者や学習材、友だちと対話を重ね、いつの間にか夢中になって取り組み、考えているうちに、認識が深まり、目の前の世界がまた開けていくような授業。私は国語科だから、生徒が夢中になって取り組む過程で、言葉を獲得し、表現を学び、論理的に考え、表現するスキルを身につけることが大事である。

12年前、目標は「二重構造」になっていると学んだ。生徒は認識の変革と拡充、授業者はスキルの獲得と伸長が目標である(詳しくは、世羅博昭氏:鳴門教育大学・四国大学名誉教授『幼・小・中・高の発達を視野に入れた国語単元学習の展開―「主体的・対話的で深い学び」の実現を目指して―』溪水社を参照)。

とするならば、生徒が今何に興味・関心を持っているか、何に悩んでいるか、何を課題としているか、それにどう切り込んでいくか、それに適した教材は何か、その教材をどう展開すれば生徒は主体的に取り組むようになるのかを考えながら授業を構想しなければならない。教科書教材を中心に展開する必要のある現場では、かなり困難で頭を悩ませる問題である。いつも頭を悩ませながら「生(なま)の生徒」と、あらかじめ決められた「シラバス」との間で闘う日々を送っている。

今回はこういう機会を得て、漢文の『史記』の実践(対象:2018年広島県立広

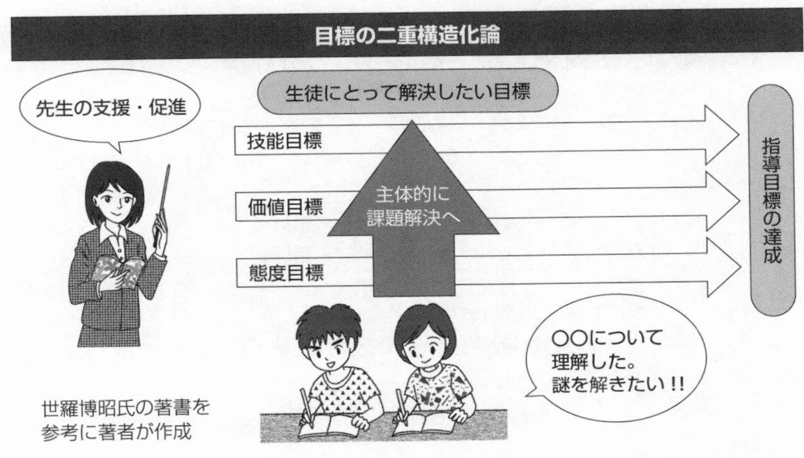

島観音高等学校2年生）を通して、どのように授業づくりを行ったかをまとめてみたい。

今の生徒に何をどうぶつけるか

漢文『史記』は定番教材である。特に登場人物が生き生きと描かれ、人物的な魅力を放ち、今の我々にも様々な示唆を与えてくれる。生徒にとっても、人間に対するものの見方、考え方を深めてくれる魅力的な教材である。

しかし、ともすれば、そのボリュームの大きさゆえ、多くの授業時間数が必要となり、訓読や書き下し文、現代語訳に追われ、表層をなぞって終わりになるという状態に陥りやすい。また項羽や沛公といった英雄が目立ってしまい、圧倒的な武力とカリスマ性が時代を動かしているというイメージが先行すると、現実に生きている生徒との「乖離感」が生まれてしまい、「すごい人がいたんだな」という他人事で捉えることで終わってしまう場合がある。

そこで今回は英雄を支える「ナンバー2」に焦点を当てて授業を構想することにした。

生徒の認識が変わり、深まるとき

授業づくりで大切だと思うのは、まず「導入」である。「導入」で生徒を引きつけることが最も大事だと感じている。そして「導入」では、授業のまとめ

単元名「ナンバー2に学ぶ」	
導入	『はじめは駄馬のごとく〜ナンバー2の人間学〜』(永井路子・文春文庫)より「ナンバー2」についての文章(あとがき)を読む。
展開	『史記』鴻門の会・四面楚歌・項王の最期を読む。
	生徒の希望によってナンバー2の范増・樊噲・張良に分かれてグループ編成。ワークシートに従って分析。
	グループ発表。意見交換。疑問点を出し合う。
	疑問点を中心にクラス全体で検討・協議。
	クラスでの意見交流を元に短作文(200字〜300字)で意見をまとめる。10人程度を選び、読み合う。
	これまでの学習から個人で考えたことをまとめ、A3用紙1枚に図式化してポスターセッションを行う。
終結	「ナンバー2に学ぶ」と題し、作文を書く。

はどこなのかを生徒に意識させることも大事である。

今回は永井路子氏の文章が生徒にとてもフィットした。「歴史を動かすのは英雄ではない、ナンバー2だ」という確信に満ちた指摘に、生徒は何らかの強い印象を持ったにちがいない。「ナンバー2」という言葉も生徒にとってはキャッチーだったであろう。そして、最終的にはポスターセッションもあり、作文も書くことになるので、着地点をイメージしながらの学習活動となる。これが生徒の主体性を喚起する仕組みの一つだと思っている。

そして「導入」の次には「本文の読解」に取り組む。その時には、メインキャラクターの項羽と沛公に注目しながらも、自然とナンバー2(=サブキャラクター)に注目することになり、主体的に取り組んでいった。膨大な歴史的背景の説明には、自分で描いたキャラクターマンガのイメージボードを用い、図式化して何度も確認したりした。視覚に訴えるプリントは、生まれたときからディスプレイを見て育ってきた生徒の実態に非常に適している。

そして「本文の読解」の柱となるのは、「問い」だ。ある程度理解が深まらないと良質な「問い」は出てこない。しかも授業者が出した「問い」よりも、生徒が考えた「問い」の方がより生徒を引きつける。生徒から出た「問い」についての考察に時間をかける。そこで授業者も「それってどういうこと?」「なぜそうなるのかな」「それだけかな」「別視点から考えてみよう」など、生徒の答えに重ねる。こういう「対話」がどんどん授業を濃密にし、生徒の思考を深め、広げていく。もちろん、常時ペアワーク、時にはグループ学習でも対話を仕掛ける。

ただ思い通りにいかないこともある。その時は、その場で授業者が対応していく必要がある。かなりな技量が必要だ。それを支えるのが教材研究である。教材研究の甘さにはその都度反省させられる。まだまだ未熟で道のりは遠い。ただ、生徒との対話によって、より新しいものの見方ができたり、考えが深まったりする瞬間は授業の大きな醍醐味だ。以下生徒のまとめの作文を抜粋する。

生徒の作品より

①（前略）ナンバー2はナンバー1を支えていくのはもちろん、その支え方をどのようにするかを考えられる人物でないといけないと知った。またナンバー1とのバランスを考え、自分を変えたり自分に合ったナンバー1を見極める力を持たなければ、ナンバー2として完璧でないと言える。このことは私たちが生きるこの社会にも必要な力だと感じた。個人の能力が高い人物が集まるだけでは成功はできず、トップとなる人物のサポート役となる人物がうまく合っていないと大成功まではいけないと思ったからだ。だから私は個人の力をつけるだけでなく、集団としての力をまとめ、良好な関係を築ける人となりたいと思う。

②（前略）これからの社会にふさわしいナンバー2に必要な素質は2つあると考える。1つ目は上司や目上の人に対して意見をしっかり言うことである。確かに目上の人などに意見を言うのは怖い時もあるし、怒られるかもしれない。しかし自分の意見を持っているのに、相手の意見だけ尊重して流されていたら、お互いによくならないと思う。何も言わないことが良いのではなく、いろいろな考え方を持つことが必要だと私は考えた。2つ目は常に周りに目が配れることである。ナンバー1がいてナンバー2がいるのは、ナンバー1だけでは全部を把握することができないからだと考える。ナンバー1に足りない部分をナンバー2が支えることで良い信頼関係ができると思う。私はナンバー1をうまく支えることのできるナンバー2になりたい。

輝かしいリーダーや部活のレギュラーの後ろで、引け目を感じ、自己肯定感が得られなかった生徒、自分の精一杯の努力でもかなわないトップの存在に挫折感を感じていた生徒が、『史記』での学びを通して、自分の存在に誇りを持ち、自らの生き方を自信を持って高らかに宣言している……。そんな作文であった。

これからの授業づくりのために

生徒たちは（私たちも）よりよく生きるために学んでいる。自分を幸せにし、周囲を幸せにし、自由に生きるために学ぶ。そのために「言葉の力」をつけるのが国語科である。

「言葉の力」は、現実を再定義し、認識の変革をもたらし、問題点や課題を明らかにし、他者との対話を促し、問題解決への力となってくれる。「よりよく生きるにはどうしたらよいのか」を迫る授業づくりは、そのアプローチこそが生徒の主体性を喚起し、自然と対話を生み、深い学びを導く。その過程で生徒自身の「言葉の力」も必然的に伸びていく。そう信じている。

くろせ・なおみ　生徒の主体性を喚起する授業を目指しつつ、家事・育児と仕事の両立に悪戦苦闘。子育てが終わり、課題発見解決学習・ICT活用・総合的な探究の時間の校内推進係を歴任。隔月で全国の先生対象の国語科オンライン研修会を開催。

部活動運営に学ぶ授業づくり
——「真正の学び」は部活動にある

美那川雄一
静岡県公立高校 地歴公民科教諭

1. 「真正の学び」としての部活動

高校野球のセカンド盗塁を考えてみよう。塁間は27.431m、高校球児平均でピッチャーの投球がクイックで約1.3秒、キャッチャーのセカンド送球が約2秒、つまりランナーは3.3秒以内に27.4m走らなければならない。盗塁成功のためには、自分の走るスピードを知っておりリードは○m必要と算出することが必要となる。当然、ピッチャーの左右によっても調整する。ピッチャーにプレッシャーを与えるリードも必要だ。一方、ランナー1塁の場合、ピッチャーは盗塁を警戒し、遅いカーブを避けるようになる。そのため、バッターはストレート狙いで準備できる。ノーアウトで盗塁に成功すれば、1アウト3塁の場面がつくりやすい。確実に1点取れる場面である。

近年、とかく批判されがちな中等教育の運動部活動であるが、高校の運動部活動は「科学的」「学術的」に行われていることが多い。強豪校ほど、様々なデータ分析が行われ、スポーツ科学から心理学、組織開発、言語技術まで様々な学問分野が導入されてチームがつくられている。高校の授業改革以上に先進的な取り組みが行われているようにみえる。少なくとも、高校教育において最も「真正の学び」が実践されているのは、おそらく部活動であろう。ここでの「真正の学び」とは、学術・スポーツ・芸術のプロの世界（本物の世界）に学習者の目が開かれていくような学び、または学習者が学んだ内容を自分の人生と結びつけていくような学び、つまり実践共同体に参加しようとする学びである。生徒自身が、学んだ内容や学ぶという行為そのものに意味を見出す場として、「真正の学び」は学校教育の中で大きな役割を期待されている。

私は、今まで男女サッカー部、硬式野球部、陸上競技部の顧問を経験し、現在はサッカー部の顧問をしている。本論では、部活動指導と授業づくりの共通点から、「真正の学び」を生み出す授業づくりを再考してみたい。

2. 「逆向き設計」論のウィギンズ

アメリカの教育学者G.ウィギンズは、*Understanding by Design*（西岡加名恵訳『理解をもたらすカリキュラム設計』日本標準、2012年）の著者である。西岡氏によると、ウィギンズの研究は、14年間にわたり中等学校で英語と哲学を教え、そしてサッカー、クロス・カントリー、野球、陸上競技のコーチを務めた経験に根ざしているという。西岡氏によるインタビューの中で、ウィギンズは教師経験について次のように語っている。「彼らに野球を教えました。彼らと共に旅行にも行き、哲学の科目も教えました。それですべての学習の経験は統合されていました」。

このような教育歴は、教師と言えば教科教育担当者というイメージの強いアメリカではユニークであり、ウィギンズは全人教育に携わる経験を持ったと西岡氏は記述している（西岡加名恵「『逆向き設計』論との出合い：『理解をもたらすカリキュラム設計』を翻訳して」『教育方法の探究』16、2013年）。

ウィギンズらの唱えるUnderstanding by Designとは、「本質的な問い」を中心に据えたカリキュラム設計論である。「本質的な問い」とは、私たちの人生を通して何度も起こる重要な問い、学問における核となる観念を扱い探究を引き起こす問い、生徒が重要な観念や知識を効果的に探究し意味を捉えるのを助ける問い、そして生徒が学習によく参加するために、彼らの注意を惹きつけ維持する問いである。この「本質的な問い」を中心にカリキュラムを設計していくことで、生徒が学校で学んだことが学校外の社会でもいかされる（転移する）理解を求める。ウィギンズが、様々なスポーツのコーチを経験し、「○○に必要な走りとは何か？」「得点をするために、どのようなオフェンスの動きをすれば、仲間にメリットがあるか？」「優れたチームとは何か？」と本質的な問いを自問したことが推察される。

また、西岡氏はBackward Designを「逆向き設計」論と翻訳しているが、これはウィギンズらの提唱する授業づくりが通常とは逆に、目標→評価→方法・内容の順序で行われることによる。この背景にも、ゴール（または得点、試合の勝利）から選手たち個々のパフォーマンスを明確にし、そのためにどのような練習がどの程度必要なのかを考えたコーチとしてのウィギンズの姿が想像されるのである。

学びの目標からカリキュラムをデザインし、目標、方法、内容を学習者の実態に合わせて絶えず調整していく営みは「カリキュラム・マネジメント」という名称で知られているが、これは部活動運営では一般的に行われてきたことである。初任校のサッカー部では、各種大会の試合日から逆算して練習試合、練習メニュー、フィジカル調整（栄養管理含む）及びメンタル・トレーニングの計画を立てていた。スタッフ・ルームのホワイトボードには「学び」のスケジュールやパフォーマンス・レベルが記入されており、監督以下スタッフ、選手、マネージャーで共有されていた。日々の練習も、課題の確認から始まり、課題修正のための練習、場面想定での確認、ゲーム形式での確認といったメニューが組まれた。こうしたプロセスはプロサッカーチームで実践されていることであり、まさに生徒は実践共同体への参加としての学びを経験していた。生徒自身が、練習の意義を理解し取り組むことのできる「真正の学び」として学習経験が組織されていたのである。

3. 授業づくりと部活動指導の共通点

学習指導要領では部活動について次のように記載されている。「生徒の自主的、自発的な参加により行われる部活動については……学校教育の一環として、教育課程との関連が図られるよう留意すること」。そのため部活動の顧問である教員は、生徒が自主的・主体的に参加できるように学校教育の一環として部活動を運営することが求められる。

最近耳にするのは、「私はその競技は専門ではないから」という理由で部活動顧問を断る教員がいるという話である。おそらく、この背景には「自分が経験した競技でもなく、細かい知識や技術を教えることができないからやりたくない」という態度が推測される。というのも、私自身も野球は全くの未経験者であったし、上記のような教員の気持ちも理解できるからある（練習中にマネージャーに野球のルールを教わり、練習後に選手たちにノックのやり方を教わり覚えた）。ウィギンズであれば、こうした教員にどのようなアドバイスをするだろうか？

授業をつくる際には、私たち教員には詳細な知識や技能があるにこしたことはない。ただし、その細かい知識や技能を、教員から生徒へと全て教える必要があるかと問われれば、Noであろう。ウィギンズらは授業における網羅主義を批判し、本質的な問いによって扱われる「重大な観念」を生徒自身がつかみ取る看破による理解を主張する。私たちが生徒に獲得してもらいたいのは、この「重大な観念」である。そして、この「重大な観念」とは、私たちが目の前の生徒たちを見て、彼らが生きていく中で、アップデートを繰り返しながらずっと身につけておいてもらいたいと考える知識や技能、思考様式、学び方・生き方である。教科・科目や種目に固有な知識や技能などは、この「重大な観念」を見いだすために必要なものである。だからこそ、サッカー部の生徒全員がプロサッカー選手になるわけではないのに毎日練習をして大会に臨み、全ての生徒が科学者になるわけでもないのに「科学者のように考える」ことが授業の中で求められる。生徒は「真正の学び」を経験することで「重大な観念」に近づくのである。

ウィギンズらは次のように語る。「教師は、設計者である。私たちの職業において本質的な行為となるのは、特定の目的にかなったカリキュラムと学習経験を巧みに形づくることである」。このように、授業づくりと部活動指導には共通点が多くみられる。今後、部活動制度は変わっていくべきだと思うが、私たち教員が部活動指導から学ぶべきことは多い。学校教育の中で、「真正の学び」は部活動において最も実践されてきたからである。

授業づくりと部活動指導の視点

	「世界史」の授業づくり	「サッカー部」の指導
何ができるようになるか？	生徒は、広い視野で社会を見ることができるようになる。社会的な事象を時間軸・空間軸で捉えるようになり、歴史の意義を理解し、自身の歴史物語を構築することができる。	選手は、サッカーに携わる様々な立場の人々について理解し、場面に応じて自身が果たすべき最高のパフォーマンスを行い、自身の言動に責任を持つことができるようになる。
どのように学ぶか？	生徒は、課題（問題）について、自己との対話、他者との対話、資料など教材との対話により学ぶ。	選手は、チームの課題について、自己を省察し、他者と対話し、サッカーに関する情報の送受信により学ぶ。
何を学ぶか？	生徒は、世界史を学ぶ。そして、自分の生き方、社会の成り立ち、歴史の性格、歴史を学ぶことの意義等について、世界史で学ぶ。	生徒は、サッカーを学ぶ。そして、自分の生き方、スポーツや部活動ができる環境、スポーツや部活動の意義等について、サッカーで学ぶ。
カリキュラム・マネジメント	上記の3つがうまく機能しているかどうか、教員と生徒等が絶えず評価し、改善を加えていく。	上記の3つがうまく機能しているかどうか、顧問（コーチ）と選手・マネージャー等が絶えず評価し、改善を加えていく。

みながわ・ゆういち　静岡県公立高校教諭。「歴史総合」「世界史探究」教科書等執筆者。ベネッセコーポレーション学校事業情報部門アドバイザー。評価基準、評価方法等の工夫改善に関する調査研究協力者。高大連携歴史教育研究会第１部会副部会長。

生徒の選択肢を拡げる授業を考える

麻生裕貴
浅野中学・高等学校 国語科教諭

授業の目的

授業デザインのスタートは、授業の目的を考えることである。一口に目的といっても、「生徒が動詞の活用形を識別できるようになる」等の個別具体的なものから、「生徒が幸せでいる／になる」といった抽象度の高いものまで様々だが、今の私[*1]が特に重視しているのが、「生徒の選択肢を拡げる」ということだ。

同じ問題であっても、答えに至るまでにどの道を行くのが良いかは生徒によって異なる。さらにいえば、どのような答えを選ぶのかも、そもそもどこに目的意識を持ってどのような問題に取り組むのかも、生徒ごとに求められるものは違うはずだ。また、同じ生徒であっても、状況や時期によって何が適切かは変わってくる。そして、自分にとって何がより適切かを判断できるのは、最終的には自分しかいないのだ。したがって、生徒が様々な選択肢の中から自分に適していると思われるものを自ら選択し、その選択の結果を検証し、次の選択に繋げていけるようになることが肝要である。そして、自分により適した選択をするためには、手持ちの選択肢は多い方が良い。このような考えから、授業の重要な目的として「生徒の選択肢を拡げる」を置くようになった。ここでいう「選択肢を拡げる」とは、教師または他の生徒が新たな選択肢を提示するというだけではなく、自ら新しい選択肢を発見するということでもある。

対話と問いが選択肢を拡げる

では、生徒の選択肢を拡げるにはどのように授業をデザインすれば良いのか。私が特に重要だと考えるのが、「対話」と「自ら問いを立てること」である。

まずは対話についてである。ここでは、生徒と教師の対話も意識しつつ、主に生徒同士の対話について述べる[*2]。対話の説明として私が好きなのは、河野哲也氏によるものだ[*3]。河野氏の挙げるポイントはいくつかあるのだが、そのうちの一つが、対話とはそれを通して互いに変容していくものだということである。選択肢を拡げるということも、この変容の中の一つとして考えられる。すなわち、異なる他者の言葉や問いかけから新たな視点や考え方を得たり、自らが語る言葉により思考を整理・深化したり新たな気づきを得たりすることを通して、それまでは持っていなかった選択肢を知っている、あるいは意識化している自分、それまではしなかった選択をする自分に変容していくということだ。もちろん、そのような変容は対話の相手にも起きることになる。

対話のある授業のデザインにおいて考えるべきことは様々にあるが[*4]、ここでは対話の形式について述べておきたい。私が授業で取り入れることの多い対話の形式は、グループワーク、ペアワーク、「近くの人と相談しながらでもOK」の三つだ[*5]。グループワークは、ある程度の時間を使ってじっくり対話をしてほしいときに主に用いる。ペアワークは、話す側と聴く側、質問する側と答える側等、それぞれの役割を明確にした活動で選ぶことが多い。そして「近くの人と～」は、短時間でも気軽に取り入れやすいというメリットがある。また、これは「一人で取り組んでもOK」という意味でもあり、生徒が一人で取り組む選択肢も重視したい場合にはこの形式を採用している。

次に、自ら問いを立てるということについて述べる。問いを立てることの意味は様々に考えられるが、今まで見えなかったものに目を向けることができるという意味で、選択肢を拡げることにも繋がる。

例として、今年度担当している中学１年現代文での授業を紹介しよう。私は、教訓的な読みに終始してしまいがちな「蜘蛛の糸」を使って、そうではない読みの可能性＝選択肢を学ぶ授業を行おうと考えた。そのための授業デザインとして浮かんできたのが、「蜘蛛の糸」に対して生徒が疑問を投げかける授業である[*6]。生徒達は、意識的にたくさんの疑問を作り出そうとすることにより、「蜘蛛一匹を助けたくらいで大罪人を救っても良いのか？」「地獄の中に、同じ程度の善行をした悪人は他にいなかったのか？」「犍陀多が極楽までたどり着ける可能性はあったのか？」等、様々な問題に気づいていた。こうした疑問により、教訓的な読みの前提である、「仏が善、犍陀多が悪」という単純な二項対立を相対化する視点を得ることができる[*7]（もちろん、これとは違った方向で読みを深める疑問も出てきた）。

このように、自ら問いを立てることで、それまで見えていなかった選択肢に目を向けることができる。そのような考えから、どうすれば生徒が自ら問いを立てるようになるか、問いを立てる力を磨いていけるかということも、私が授業デザインをする際に大切にしたいポイントである。

制限が選択肢を拡げる

ここまで述べてきたのは主に視点を増やすという意味での選択肢を拡げることについてであったが、加えて、授業中に生徒がやっても良いことを増やすという観点もある。「近くの人と〜」が一人での活動も選択肢として含んでいることは前述の通りであるが、生徒がしても良いことを増やすのであれば、(好きなタイミングで) しゃべる、立ち歩く、スマホで調べる、内職をする、飲食をする、寝る、教室から出ていく……と、様々な選択肢が考えられる。私としては、できる限り生徒の制限をなくし、やっても良いことを増やしていきたいと考えている。しかし、闇雲に制限をなくせば良いというわけではない。それは、授業の統制の問題からというよりも、選択肢を拡げるという目的に繋がらなくなるおそれがあるからだ。

たとえば、「近くの人と相談してもOK」とすると、常に一人で取り組む生徒もいる。それ自体が間違っているわけではないが、他の人との作業と一人での作業とのどちらが今の自分に合っているかを判断するためには、他の人と取り組むとどうなるかを知っていなければならない。また、他の人との取り組みに意味を見出していない生徒も、対話に慣れていけば、その効果をより強く感じるようになるかも知れない。あえて選択肢を絞って対話を強いる時間を設けることが、結果的に生徒の選択肢を拡げることに繋がる場合もあるのだ。

また、何の制限もない自由は、逆に不自由に繋がりかねない。極端な例を挙げれば、古典を学んだことのない生徒に対して、「どんな作品を読んでもいいし何を使ってもいいので、古典を読む力をつけなさい」と指示しても、ほとんどの生徒は途方に暮れてしまうだろう。まずは読む作品を指定=制限したり、考える問題を指定=制限したり、それを考えるための参照対象を指定=制限したり、その習得のための練習問題を指定=制限したりすることで生徒は動き始めることができ、それが新たな選択肢を得ることに繋がる。

このように、生徒が新たな選択肢を手にするためには、あえて選択肢を絞ることも必要である。授業の中で、どの時点で、何に対して、どれくらいの選択肢を生徒に許容するのか否かが、生徒の選択肢を拡げるためには重要なのだ。

おわりに

他にも論じたいことは多くあるのだが、最後に二点だけ触れておきたい。

一つは、生徒の意見を聞きながら授業デザインをするということだ[*8]。どのように授業デザインするか判断に困るとき、目の前の生徒に意見を求めると、ことのほか容易に問題が解決してしまうことも少なくない。また、生徒の声から思いもしない授業の改善点を学ぶこともある。そのため、生徒が授業に対する意見を述べやすい仕組みも意識している。たとえば授業後の生徒の振り返りシートは、それぞれの生徒が何が分かって何が分からなかったのか、どんな疑問点を持っているのか等を知ることができる点で、それだけでも重要であるが、授業への要望を書く項目も個別に設けている。また、匿名で授業への要望を送信できるフォームを用意することで、その生徒にとって振り返りシートには書きづらい意見も訴えやすくなることを企図している。目の前の一人一人の生徒の意見を大切にしながら、授業をデザインしていきたい。

そしてもう一つは、まずはやってみるということだ。いくら授業デザインに力を入れたところで、実際の授業でどうなるかは、やってみなければ分からない。このようにすると良いかもしれない、このようにすると面白そうというアイディアを思いついたのであれば、まずはそれをやってみる。その結果がうまくいくにしろいかないにしろ、まずはやってみることを通して教師自身が自らの選択肢を拡げていく。そうした姿を生徒に見せられる教師でありたい。

*1 普段何かについて論じる際の一人称には「筆者」や「稿者」を用いているが、本稿ではあえて「私」を使い、「私の授業づくり・授業デザイン」について述べていこうと思う。
*2 話題が拡散してしまうため、たとえば「書籍との対話」のような比喩的な意味での対話についてはここでは扱わない。
*3 河野哲也（2019）『人は語り続けるとき、考えていない　対話と思考の哲学』（岩波書店）。なお、本書の中の好きな言葉の一つが、「あらゆる違いを携えて（乗り越えてではない）、対話すべきだという態度」だ。自分とは異なっているからと関わりを断つのではなく、かといって同一化を強いるのでもなく、生徒も教師も違いを携えつつ互いに変容していく対話に開かれた授業が私の目指すところである。
*4 特に、対話のためのマインドセットとそれをいかに実現するかに問題意識がある。
*5 グループワークと「近くの人と～」では、必要であれば立ち歩くことも許容している。
*6 ダン・ロススタイン、ルース・サンタナ著／吉田新一郎訳（2015）『たった一つを変えるだけ　クラスも教師も自立する「質問づくり」』（新評論）をもとに授業を行った。なお、本書でいう「質問づくり」を、私の授業では「疑問づくり」と呼んでいる。
*7 紙幅の都合で詳述はできないが、「蜘蛛の糸」は作品内部からも「仏が善、犍陀多が悪」という構図の相対化を示す描写や構造が見て取れる。
*8 小林昭文（2015）『アクティブラーニング入門』（産業能率大学出版部）等に見られる小林氏の考えに強く影響を受けている。

あそう・ひろき　専門は『源氏物語』を中心とした中古文学。テューバを愛好。もとは小学校の教諭を目指していたが、大学・大学院で学んだ古文の面白さに魅せられ、古文を学び続けつつそれをより直接的に教えたいと中高の古典の教諭になって10年目。

「つながる」授業と対話

古谷美佳

三田国際学園中学校高等学校 数学科教諭

はじめに

私は、ネガティブ思考でなかなか自分から一歩踏み出せない人間です。人間関係においても、人見知りで、まわりがどう思っているのかとても気になります。そんな私ですが、何かに挑戦することにはポジティブになれます。特に、「ワクワク」する気持ちと「つながり」を大切にしながら授業づくりに挑戦する気持ちを持ちたいと思っています。

学校は、仲間と自分の感情や思考をリアルタイムで共有し、新しい発見や価値観を模索できる場です。特に私は、その場の臨場感や目の前で起きた現象に対して心と感情が動く空間作りと、教科の枠を超えた学びのつながりに魅力を感じています。学びだけではなく、人と人とのつながり、例えば授業の中で関わる仲間・教員とのつながり、学校外のコミュニティとのつながりも、大きなポイントです。本稿では、2022年度に自分の中で「挑戦」したこと、そこで考えたことについて記します。

きっかけと仲間——『Lantern Project』に挑戦する

私の勤務校では、年に3回、春休み・夏休み・冬休みを利用して教員研修を行っています。研修では、他校で行われている実践を参考に「自分だったらどんな授業をデザインするか」「授業をするにあたってどんな生徒像を目指したいか」という問いを持ちながらワークに参加します。私はそのときに、High Tech Highの実践の一つである『Lantern Project』に興味を持ちました。Lantern Projectとは、数学をはじめとする各教科で学んだことを基に、生徒たちオリジナルのランタンを製作し、世界中で生じている環境問題・貧困問題の解決のために、集めた資金を寄付していくプロジェクトです。

私が生徒だった頃もそうでしたが、授業の中で作られる成果物は、時として押入れの奥底に長年封印される運命にあります。しかし、作ったものを「売る」という行為から生まれる「誰かの役に立つ」という視点に私は魅力を感じました。Lantern Projectを知ったときから自分の授業の中で「デザインしたい!」「やれたらいいな……やってみたいな……」とずっとあたためていました。「どうすれば実行できるのか……本当にできるのかな……」とクヨクヨ悩みながら日々過ごしていたのを覚えています。

2022年4月、私は思い切って同じ学年の英語科の田村佳子先生に相談してみました。田村先生は、エネルギッシュで非常に心の広い先生で、相談したときに、即答で「やろう!　はい、やるよ!」と背中を押してくれました。また、春の研修でも、理科の長﨑一樹先生に自分の構想について話したところ、ものすごく目を輝かせながら「それ、素敵だね!　理科も一緒にやりたい!」とすぐに意気投合しました。目指しているものを共感し、一緒に作っていこうとする仲間がこんなにもすぐに見つかるなんて……感激でした。こんなに素晴らしい先生方がすぐ近くにいて、やりたいと思ったことがすぐできる環境に恵まれ、本当に感謝の気持ちしかありません。

とりあえず、やってみる　挑戦のはじまり――私たちのLantern Project

4月の研修後から、中1の英語・理科・数学の授業担当者とすぐに対話の時間を設け、改めてこのプロジェクトの目的・方向性を確認しました。ゴールは何か、教育的成果は何か、子どもたちに何を身につけてほしいか、どのように感じてほしいか……先生方とミーティングを重ね、先生方の考え方や目指しているビジョンを共有しました。

一発目の授業で、いかに生徒がワクワクした気持ちになれるかを中心に据え、理科と数学の合同授業という形で学びのローンチを組みました。真っ暗の部屋を作り、グループごとに一つのロウソクに火を灯します。光のない空間から光のある空間になった瞬間のあの引き込まれる生徒の目を、私は今でも忘れられません。「光」を目の前で感じ、そこにどんな感情が生まれたのかを共有し、普段当たり前のように光に囲まれて生活をしているけれど、光がある世界を改めて感じると、自然と笑顔になれる場が生まれることに気がついた時間でした。

次に身近にあるいろいろな立体を生徒へ渡しました。「美しいなと感じる多面体の特徴って何だろう?」「多面体について見た目で直感的に気がつくことは何だろう?」「投影したらどんな形の影ができる?」と生徒の意見を拾いながら、頭の中が問いであふれる時間となりました。

自分だったらどんなランタンをデザインする？

Lantern Projectがはじまるワクワクが膨らんでいったローンチでした。

ランタンをデザインする前は、Mathigonというサイトを使って、数学の授業内で正多面体について学びました。「それぞれの面は一種類の正多角形のみで囲まれている」「すべての頂点に集まる面の数が同じ」「5種類しかない」……と生徒からいろいろな観察点が出ました。また、「なぜ5種類だけなの？他にはないの？」「正多面体は1種類の正多角形のみで囲まれているけど、2種類の正多角形で囲まれている多面体はどのような形をしている？」……等の問いに対しても、生徒たちは様々な考えを頭の中で巡らせていきました。私自身も正多面体の他に半正多面体やジョンソンの立体について調べ、生徒と一緒の目線で多面体について学んでいきました。

同時進行で、英語の授業では、世界各国の事情について調べながらその国の特色や良いところや問題点について知り、理解を深めていく活動をしました。特に、インフラ環境や貧困問題のある国に着目し、「せっかく作ったランタンで私たちが貧困の国に向けてできることはないだろうか？」「作ったランタンを売ったら、その売上金で誰かの役に立ち、何かに貢献することができるのではないか？」という問いを生徒と共有しました。

これらの活動の中で「学園祭でランタンを売り、カンボジアの学校へ寄付をする」という目標が生まれました。自分の作ったランタンとそこにある思いを、貧困という問題を照らす「光」としてカンボジアの学校へ届けるという道が開いた途端、生徒の顔つきが大きく変わったことを鮮明に覚えています。ペアと協力しながらランタンを製作すること自体も楽しいですが、そこにカンボジアへの寄付という目標が加わり、生徒のランタンを作ることへの意味や意欲が強くなったのです。

授業デザインと対話——チームとしての教員のあり方

プロジェクトを振り返ると、気づいたことがたくさんあります。まず、授業デザインで一番大切なことは、「教員間での対話とその時間」だということです。自分がどんな考えや軸を大切にしているのかを認識すること、自分と違う考え方をする人へ、その信念や考え方を尊重しながらも、裏側にある自分の本音を伝え合うこと、そういったことのできるチームとしての対話の場が大切です。

「対話の時間は無理やりでも作る」という意識も必要です。どうしても「忙しさ」で後回しにしてしまいがちですが、それぞれの先生が「時間を作る」という強い気持ちをもって、取り組んだからこそ実現したのだと実感します。

そして、実践者間のチームワークと雰囲気。私にとって、一番難しい点は教員間の連携でした。しかし、振り返ってみると今回携わっていただいた田村先生や長﨑先生たちとたくさんコミュニケーションをとり、対話の中で学び、お互いの考えや意見を認め合い、チームでやり遂げることができたのは本当に良かったです。生徒のプロジェクトであると同時に、教員自身がこのようにチームになって連携し、経験の過程で失敗したり、成功したりを繰り返しながら、再構成していく、まさにこのプロセスが私にとっての「学び」でした。

今回のLantern Projectは、私にとって全く初めての「挑戦」でした。リスクやまわりの目を恐れず、自分の思いや考え、ざっくりとした構想を「とりあえず、言ってみる」「とりあえず、やってみる」と一歩を踏み出すことでこうやって自分の「挑戦」がはじまっていくことを実感しました。私の場合、一歩踏み出したときに、意外とすぐ近くに賛同してくれる仲間や時間を割いて話に乗ってくれる先生がいること、この挑戦をすぐに実行できる環境がありました。

おわりに

その人にしかできないこと（その教員の専門性や魅力）と情熱が出会う場所で、教員の間での対話を通して授業をデザインすることができる、学校がそういった文化を持った場所であってほしいなと思います。私事の記事ではございましたが、最後まで読んでいただいて本当にありがとうございました。

ふるや・みか　1995年生まれ。山梨県甲府市出身。お茶の水女子大学理学部数学科、同大学院博士前期課程修了。教員4年目で中高数学を担当

人生に活きる「業」を授かる授業デザイン

上野裕之
佼成学園中学校・高等学校 理科（生物）教諭

授業は「業（わざ）を授ける」と読まれがちだが、ここでは生徒を主語に「業を授かる」と読ませたい。それでは、授業において生徒が授かる「業」とは何を指すだろうか。それは、各教科・科目で学ぶべきコンテンツはもちろんだが、より重要なのはその教科や科目の外でも、そして生涯においても活用することのできる汎用的な「学ぶ力」であると考える。本稿では、私がいまの授業に対する考え方にどのように辿り着き、どのように実践しているかを記したいと思う。

『教えるのが上手い先生の授業≠生徒にとって印象に残る授業』の気づき

自分が子供の頃に受けてきた印象的な授業について振り返ってみる。

ゴミ問題についてフィールドワークをしながら調べあげて発表した小学校の社会科の授業。実験・観察で気づいたことをもとにグループワークを通じて帰納的に現象理解につなげる中学校の理科の授業。学んだ理論を用いて新しい技術や社会課題の提案を行う高校の数学の授業。

大人になってからも脳裏に焼き付いている授業というのは「先生に教わった」ではなく、「自分達の力で調べ、考え抜き、まとめた」ものであることに気づく。それは授業における主役が自分（生徒）であり、コンテンツに留まらない様々な学びがそこにはあったからだろう。いま思うと、まさに「探究的な学び」の場となっていたそんな授業こそ、大人になっても活きている「よい授業」だったのではないかと思う。数十年前から探究学習は実践されていたのだ。

一方で、教え方が上手な先生、面白い話をする先生も記憶に残るが、それは授業というより、先生という人間に対する記憶にすぎない。しかし、当時の自分がそうであったように、生徒は「コンテンツをわかりやすく教えてくれる」ことを「よい授業」と考えやすい。そして、教育においては、教える立場の人間にとって経験上よいと思ったことが再生産されがちである。

ご多分にもれず、私が教員を志したきっかけも、教え方がエレガントで憧れであった先生の存在が大きかった。自分も教壇に立ってから、いかに生徒達にわかりやすく理解してもらえるかを考えてプリントや板書案を作っていた。生徒アンケートも好評で、模試の平均偏差値も良い値が出ていた。「よい授業ができている」そんな錯覚に陥りながら、さらに効果的・効率的に沢山のことを教えて生徒のためになりたいと年々授業を改善していたつもりだった。

しかし、徐々に生徒の学ぶ姿に違和感を覚えるようになってきた。私がより要点を明確にした教材を作り、わかりやすい講義を提供していくほど、生徒の学ぶ姿勢が受動的になっていく。思考を巡らしている感じがしない。知識が断片的にしか入っておらず、総括的・本質的な理解が伴っていない。例えば「なぜヒトは酸素を吸わないと生きていけないの？」という「問い」に対し、試験で点が取れる生徒でも、教科書で学ぶ理論を用いて満足に説明することができないのだ。生物学はヒトという生物である自分自身に関する学びであるはずなのに、活きた学びになっていない。これはまずい。授業のあり方に本気で悩んだ。

生徒がそうなるのも、いま考えれば当然である。その当時の私は教科書というコンテンツを教えることや試験で点を取らせることばかりに意識が向いてしまい、教科書に書かれた知識や理論を、生徒が自分事として捉えて主体的に活用しながら習得するという授業デザインができていなかったのである。

アクティブ・ラーニング(AL)実践の先駆者との出会い

私が自分の授業のあり方を見失っていた時期は、ちょうど教育業界でALの必要性がにわかに唱えられていた時期と重なる。これまでの授業スタイルに限界を感じていた私は、藁をも掴む気持ちで、当時ALを先進的に実践されていた先生方の授業を見学させていただいた。このとき、授業に対する価値観が大きく変わった。どの授業でも、教員が前に立って黒板を使っている時間はわずかで、残りの時間は生徒が思い思いに学びの活動を進めている。教科書を読んでノートにまとめる生徒、わからないところを教えあう生徒、問題を出しあう生徒、学び方が多様だった。中には、授業の形式や進度さえも生徒に委ねられている授業もあった。いずれの授業も共通していたのは、教室内のどの生徒も生き生きと学んでいて、生徒も教員も何より楽しそうだったことだ。学校の授業でこんなにワクワク学ぶことができるのか。衝撃で、鳥肌が立った。

自分も、授業を生徒が能動的に楽しく学べるような空間にしたい。その想いで先駆者の実践を参考に、勤務校の生徒観に合う形で授業を一新した。

現在の私の授業デザイン――教科書を学びつつ、人生で活きる「業」を得る

現在の私の授業は、教科書で理解してほしい内容を「問い」(問題という意味ではない)としてリスト化したプリントを生徒に配布し、生徒が各々自由に問いに対する解を見出していくという形を基本スタイルとしている。

生物の授業でおなじみの「細胞の構造」に関する単元を例に挙げる。生物が専門でない方でもイメージできると思うが、この単元では「ミトコンドリア」「葉緑体」「液胞」……といった数多くの細胞小器官の構造や機能について学ぶ。これを教え込もうとすると一つ一つ網羅的に紹介していくことになり、単調でつまらない授業になりやすい(少なくとも以前の私の授業ではそうだった)。

そこで、現在の私の授業では、以下のような「問い」を生徒に与えている。

「植物細胞と動物細胞を顕微鏡で観察した際、その構造や細胞小器官についてどのような共通点・相違点が確認できるか？　また、そのような共通点・相違点が見られるのはなぜか？」

この「問い」に答えるためには、まずはそれぞれの細胞のつくりや働きを「調べる」必要がある。調べる際には、教科書や資料集、WebサイトやWeb上の講義動画など何を参照してもよく、さらにそれを個人・グループが随時好きなように進めてよいことにしている。この形で進めると、はじめの頃、生徒の多くは、教科書を開くのではなく、まずWebで検索してWikipediaに行きつく。しかし、Wikipediaに書かれていることは専門性が高く、理解が難しいことに生徒が気づく。すると、徐々に生徒は自然と教科書を読むようになる。教科書は当該学年の生徒の予備知識で理解しやすいよう、流れを汲んで書かれていることに生徒が気づくのである。そして、教科書を読んでもわからないところは、クラスメイトや教員に質問しながら解決していくようになっていく。教員が教科書の内容を一方向に教え込んだり、「教科書を読め」と指示したりすることからでは生まれなかった、生徒の学びのオーナーシップがこうして育つ。そして、植物細胞と動物細胞の共通点や相違点を「比較」する際には、両者の立場や状況をふまえた上でその意義を「考え」なくてはならない。生命現象の意義の多くは、人間が理由づけすることができても、その答えは一義的に定まらないことが多い。Web上にも多様な考え方があることに生徒は気づく。ここで「批判的思考」を働かせながら、様々な視点から議論することもできるし、新たな発想が生じれば、探究的な学びの仮説立てにつながることもある。

このように、教科書に書かれていることだけを吸収する(input)のではなく、

それを活用して考え、表現する（output）ことのできる課題設定を心がけている。この授業での一連の学習過程で、「調べ」「比較」し「批判的思考」をもち「考える」ことは、人生を豊かにする探究的な学びに必要な力を養うことに資する。

なお、この授業形式では、その単元における配当時間内において生徒は自由進度で進めていくことになる。個々の生徒の学習進度と深度を把握するために毎時の「振り返りカードの提出」は欠かせない。このカードには、①本時のキーワード３つ、②本時の学びの要約、③本時の学びに関する「問い」の３つの欄を用意していて、特に私が重要視しているのが③である。

上級学年になるほど一方向の知識伝授型の授業に偏るせいか、生徒の学びの姿勢は受動的になり、学びから「問い」を生み出すことがなくなる傾向にあると感じている。しかし、「問い」を創ることは学びの視点を広げる原動力である。「総合的な探究の時間」などの総合的・横断的な探究学習につなげるためにも、教科授業で日常的に「問い」を創る習慣をつけることは重要である。そして何より生徒が出す「問い」は授業展開を豊かにしてくれる。

先の授業を例に挙げると、「なぜ動物細胞には葉緑体がないのか？」「ヒトに細胞壁があったらどうなるのか？」といった「問い」が生徒から出されるが、それらの納得解を考えていくことにより、学んだことが一時的なものではなく、本質的な理解として定着していく。このように、生徒から出された「問い」を次の授業で他の生徒達に共有して考える機会を与えることで学びが深まっていく。生徒の「問い」が、主体的・対話的で深い学びを促してくれるのだ。

この授業の基本型では、「文章を読み解く力」「適切な情報を収集し、整理する力」「他者を頼り、協働する力」「問いを生み出す力」「批判的に物事を判断する力」「自己調整する力」などを育てることを狙いとしている。これらの力は、学校教育の場だけでなく、生涯にわたり学び続け、人生に活かすために必要な力であり、私の授業を通じて生徒が授かってほしい「業（わざ）」である。

このような授業形式にしてから、私の授業でも、教室内は生徒が生き生きと学ぶ空間に変わった。偏差値のような数値だけでなく、それに現れない非認知能力を含めた生徒の学力向上につながっている実感を得ている。

もちろん、授業の型に正解はない。生徒が主役となり、生徒の人生に活きる力を養える授業のあり方を、これからも模索していきたい。生徒が大人になってから、「あの授業で学んだことがよかった」と思ってもらえるように。

うえの・ひろゆき　現任校で探究学習推進委員長を務め、探究学習のカリキュラム・教材の開発と実践に取り組む。生物の課題研究で生徒を世界大会（ISEF）へ送り出した指導経験を探究教育に活かしている。

秩序と混沌の間にある学び

今井清光
東京都立科学技術高等学校 主幹教諭 国語科

秩序を志向する授業構想

令和４年度の入学生から、高校でも新教育課程の授業が始まった。国語科は従来の「国語総合」を改め、「現代の国語」「言語文化」の２科目が必修となった。私は進路指導主任として時数軽減を受けながら、これら１年生２科目を主担当として受け持っている。授業が教員の本務とはいえ、主幹教諭に求められるのは学校全体の調整である。はっきり言って、新課程の授業を一から創り上げるよりも、これまでの授業の焼き直しの方が楽に決まっている。ワークシートも考査問題も前に作ったものを使い回したい。年度の数字を変えて印刷するだけ、くらいが望ましい。四十路の身で仕事も家事も育児も回すには、割り切りが必要なのだ。

しかし、そのような思いと裏腹に、授業づくりは始めてしまうとやめられない。授業という形式で価値を創造することは、教師にだけ許された特権である。指導要領解説と教科書を見比べながら、生徒の実態を想像しながら、どのような資質・能力が育成していけるだろうかと考える。学習活動のアイディアが少しずつ輪郭を帯びてくる。生徒はどんな反応を示すだろうか。私は現任校に着任して８年目になるから、可能性も課題も理解しているつもりだ。だからこそ、１年次の必修科目でこんなふうに鍛えてやりたい……と考える時間が楽しい。

今回の指導要領改訂の目玉は科目再編だけではない。観点別学習状況の評価が始まったことで、これまで以上に評価を意識した単元構想が必要になる。私は自身の教育活動の指針を『学び合い』(西川純提唱、二重括弧学び合い)に見出してきた。『学び合い』に基づく授業デザインにおいては、以前から評価が重視されている。例えば、「○○ができるようになる」という単元目標なら、生徒はその目標に向かって学習活動を進めていく。そして、その成果を生徒に出力させ、目標の達成状況を評価する。このように、単元や授業の目標があり、それに向かう生徒の活動があり、その成果を評価することで学習のサイクルが回っていくという授業の在り方は、いわゆる「指導と評価の一体化」に対して、「目標と学習と評価の一体化」と呼ばれる（水落・阿部2014）*1。

これまで高校の授業において、単元ごとに評価の時間を設けることは一般的ではなかった。年に数回ある定期考査の得点で評定のほとんどが決まる、という場合が多いのではないだろうか。しかし、そのような状況も、観点別学習状況の評価の導入によって変わらざるを得ない。評価するためには、（テストも含めて）生徒に何らかの出力をさせるため、授業の中にその出力時間を設定することになる。結果的に、生徒が学習してその成果を出力し、それを教師が評価するという『学び合い』のサイクルが出来上がる。

半ば強制的にとはいえ、多くの授業がこうした形式になっていく方向性は喜ばしいと思う。しかし、教員間で形式は共有できても、そこに込める思いを共有するのは難しい。そこで、今年度から「単元構想シート」というフォーマットを開発し、項目を埋めていく形で単元を構想することにした（次ページ図1）。このシートを用いて、単元目標や育成したい資質・能力のイメージを国語科の教員同士で共有するように努めている。フォーマットは「逆向き設計」（奥村・西岡2020）*2をふまえてデザインした。「本質的な問い」や「永続的理解」という用語があるのはそのためである。ただし、すべての評価をパフォーマンス評価で行っているわけではなく、単なる小テストを利用する場合もある。いずれにせよ、いつ、何をどのように評価するかという点まで考えて単元を構想しているわけである。

混沌を志向する授業実践

このように、真面目な私は授業（単元）をカチッと構想したいタイプなのである。一方で、授業の実態は実に「混沌としている」。

生徒一人一人の認知の仕組みは多様である。同一のゴールを目指していても、そこに至るまでには多様なルートが考えられる。また、生徒にはできるだけ協働的に課題を解決することの良さを実感してほしい。私自身が「抱え込むタイプの分掌主任」なので偉そうに言えないが、社会人になって自分一人で解決できる課題は少ない。

そのため『学び合い』の授業では、課題解決の手段を生徒自身が選択する。主な手段は生徒同士の対話である。教室中を立ち歩き、あちこちで交流しながら課題に取り組むことになる。一人で黙々と考えてもいいし、仲間と一緒に考

■図1【言語文化】単元構想フォーマット

<table>
<tr><td colspan="4">単元名　本格的に漢文を読む</td></tr>
<tr><td>生徒の実態</td><td colspan="3">高校入学以来、まだ本格的に漢文を読む（書き下し文に直し、現代語訳していく）ことを経験していない。</td></tr>
<tr><td>ゴール（価値）</td><td colspan="3">「自力で漢文が読めた」という実感を持つ。加えて、古代中国のスケール感や群雄割拠の時代背景のイメージも抱くことができる。</td></tr>
<tr><td colspan="2">知識・技能</td><td colspan="2">思考・判断・表現〔 書 ・ 読 〕</td></tr>
<tr><td colspan="2">(1)働き　漢字　語彙　文脈　表現技法
(2)文化の継承　作品の背景　文法　訓読
言葉の由来　歴史的文体　読書</td><td colspan="2">ア 文章の種類を踏まえて、内容や構成、展開などについて叙述を基に的確に捉えること。</td></tr>
<tr><td colspan="2">本質的な問い</td><td colspan="2">永続的理解</td></tr>
<tr><td colspan="2">諸侯と思想家はどのような関係だったか。
背景知識は読解にどのように役立つか。</td><td colspan="2">諸侯（王）は思想家に知恵を求め、思想家は自分を重用する主を求めた。</td></tr>
<tr><td>教材</td><td colspan="3">『十八史略』より「鶏口牛後」「先従隗始」</td></tr>
<tr><td colspan="4">目標＝成果物＝評価</td></tr>
<tr><td colspan="4">【知技】代表的な漢字の読み、書き下し文、典型的な句法を現代語訳する設問による小テスト。
【思判表】比喩や暗示を用いた蘇秦あるいは郭隗の説得のレトリックとその効果を説明する。</td></tr>
<tr><td>評価基準</td><td>A　十分満足（例）</td><td>B　おおむね満足</td><td>C　努力を要する（Bに満たない）</td></tr>
<tr><td>知識・技能</td><td>正答率8割を超える。</td><td>正答率4割以上7割以下。</td><td>正答率が4割に満たない。</td></tr>
<tr><td>思考・判断・表現</td><td>蘇秦あるいは郭隗の説得のレトリックと効果を適切に説明しており、さらに表現がよい。</td><td>蘇秦あるいは郭隗の説得のレトリックと効果を適切に説明している。</td><td>蘇秦あるいは郭隗の説得のレトリックと効果を適切に説明していることが読み取れる。</td></tr>
<tr><td>主体的に学習に取り組む態度</td><td>書き下し文や現代語訳を進める中で頭に浮かべたイメージをメタ認知し具体的に表現している。</td><td>書き下し文や現代語訳を進める中で頭に浮かべたイメージをメタ認知している。</td><td>書き下し文や現代語訳を進める中で頭に浮かべたイメージをメタ認知していることが読み取れない。</td></tr>
<tr><td colspan="4">目標達成に必要なステップ＝指導計画</td></tr>
<tr><td colspan="4">1.「書き下し文」「現代語訳」の予習プリントに取り組む。必要に応じて動画等を視聴する。
2.戦国時代の状況および「戦国の七雄」について概要を知る。
3.比較・抑揚・反語の句法に注意して現代語訳を行う。
4.人間関係（誰が誰に何と言ったか）を整理する。
5.蘇秦、郭隗の説得のレトリックを読み解く（どのような主張を、何に喩え、どのように表現したか）。
6.単元の最後にパフォーマンス課題に取り組む。
7.【ふりかえり】書き下し文や現代語訳を進める中で、頭の中に映像は浮かんできた？</td></tr>
</table>

えてもいい。また、自前の参考書やネット上の動画教材など、必要とするものを各自の判断で使ってよい。必要があれば私が要所を確認し、単元の最後の回ではまとめの課題と格闘してもらう。

こうした形態の授業は、さまざまな要因に左右される。生徒一人一人にはそれぞれの生活があり、その日のコンディションも一様ではない。体調不良や寝不足、あるいは心配事があって学習どころではない生徒もいるだろう。友人と喧嘩し学習の輪に入りにくい日もあるかもしれない。集中を持続しにくいタイプもいるし、そもそも学習の積み重ねが不十分だという場合もある。そういった生徒は、自分自身のエンジンをかけることに時間を費やしてしまう。一方、同じ教室には、すでに一定の自己調整に長けており、意欲的に学習に取り組む生徒もいる。

すると、教室にはどのような現象が起きるだろうか。学習内容と雑談が渾然一体となった会話が教室のあちこちで発生し、大笑いしている生徒の隣では、別の生徒が途方に暮れているのが見える。さらにその隣のグループは学習の核心に迫る議論に熱を上げている。取り組んでいる課題の進度も深度もまちまちである。もしも集団をしっかりコントロールしたいタイプの教師がこの状況を見たら、単なる授業崩壊にしか見えないかもしれない。

しかし、よくよく注意して見ていると、クラス全体は緩やかにゴールに向かっている。「混沌」とはしているが「混乱」はしていない。このような姿が、実は学びの自然な在りようだと私は思う。人の成長は直線的なものではない。行きつ戻りつしながら、徐々に理解を深めていくものではないだろうか。そのためには、ダラダラとした時間が必要である。

もちろん授業だから、ダラダラの先に成長が見込まれなければならない。そこで、授業中の私は必死で状況を観察している。生徒に適切にフィードバックするためには、爆発的な情報量の中から拾うべきエピソードを選び、それを意味づけ、そのクラスのこれまでの学びを参照し、今後の見通しを考え、内容をまとめてコンパクトに語らなければならない。私の経験則では、的確なフィードバックの半分は、生徒が「頑張って良かったな」と感じるような応援であり、あとの半分は「痛いところを突かれたな」という指摘である。このバランスが良いと、生徒の納得感は高いように思う。教師がしっかり見守っていることが伝われば、過程がどれほどダラダラとしていても、生徒は安心するようである。

授業の構想がでたらめでゴールがはっきりせず、過程までダラダラとしていたら、それは本当の崩壊だろう。一方、授業の構想段階から実施まで一分の隙もなく、あたかも台本通りに進行していくような授業において、生徒は本当に成長するのだろうか。多くの授業はその中庸をいくのだろうが、私はその落差を最大化したい。学びは秩序と混沌の間にある。

参考文献

*1 水落芳明・阿部隆幸(2014)『成功する『学び合い』はここが違う!』学事出版

*2 奥村好美・西岡加名恵(2020)『「逆向き設計」実践ガイドブック:『理解をもたらすカリキュラム設計』を読む・活かす・共有する』日本標準

いまい・きよみつ　1981年、東京下町生まれ。20代を小劇場の劇団員として過ごす傍ら、私立中高の非常勤講師や大学受験指導講師として生計を立てる。その間、『学び合い』の考え方に出会い、教員になる覚悟を決める。31歳で東京都立高校教員(国語科)に採用。

デザインをしないというデザイン

坂本由季
東京都立八王子桑志高等学校 主幹教諭 商業科

商業教育改革のはじまりと自身の変化

(1) はじめに

私のことを「アクティブ・ラーニングの人」と呼ぶ人がいる。否定はしないが肯定もしない。数年前まで私は、ガチガチの管理教育主義者だった。商業高校にありがちな、検定試験の合格を主軸とした授業を行い、模擬試験データをもとに、ひとり一人に合わせた個別の指導計画を立て、全て私の指示通りに学習を進めさせた。今思えば横暴な指導だったと思うが、私の過去の実績や専門性を知ってか生徒も私を信じてよく従った。個別の指導計画を立てるのは相当な手間だったが、何事も完璧にやり遂げたいと考える生来の真面目さと、長年培った情報処理技術で乗り越えた。検定試験合格という明確な目標がある以上、指導計画は欠かせない。そしてこのような指導の結果として高い合格率を実現させた時に、私は教師としての自分の価値を認識し、自分の仕事に満足することができた。実際、商業高校の生徒は取得した資格によって進路選択の幅が変わる。高校へ進学する時点では就職しか考えられなかった生徒が、名の知れた大学へ進学することもできる。その生徒の将来の可能性が広がるのだ。だから私は何年も自らの驕りと過ちに気づけずにいた。

(2) 就職できなかった優等生

ある日、情報系のベンチャー企業で技術指導をする知人から人手不足を相談された。若ければ育てるので基本的なPCスキルさえあれば良いと言う。そこで卒業生の中からアルバイトを探してみることになった。ほどなくして大学4年でまだ内定がないという卒業生が現れる。知人に打診すれば、正社員でも採用の可能性はあるとのこと。大学4年でまだ就職が決まっていないという点に違和感を抱いたが、高校在学中は模範的な生徒だったと聞き紹介することにした。しかし、この卒業生は結果的に採用を勝ち取ることができなかった。

不採用の連絡は私のもとにも送られた。驚いて理由を尋ねる。すると、「何度も社内で協議を重ねたが、SPIの結果が当社の求める人材とどうしても合わない」と言う。従順さや勤勉さという長所の一方で、ストレス耐性の弱さ、主体性の低さ、新しい環境や業務に対する抵抗感の強さが大きな問題になったそうだ。商業高校の優等生が、社会に通用するとは限らないことを知った。資格をいくつ取得したところで、何の役にも立たないのか？ 私はもしかしたら、何か大きな間違いを犯していたのか？ 呆然とする私の脳裏にこれまでの様々な場面が浮かんでは消えた。

(3) 教育改革の波の中で

私が自分のスタイルに疑問を感じた頃、東京都では商業教育改革の検討が終盤を迎えていた。「ビジネスを考え、動かし、変えていくことができる生徒の育成」を目標に掲げ、学科改変を行い、新科目を設置し、授業の中に地域連携や高大連携を取り入れようという大規模な改革だ。このため、私が２度目に務めることとなった東京都教育研究員と、平成30年度から２年間にわたり携わったアクティブ・ラーニング推進校事業では、全てこの改革案を念頭に展開することとなった。こうして私は、教育改革の大きな波の中で、様々な葛藤を経て教師としてのスタイルを大きく変化させた。絶対的な管理者だった自分はもういない。アクティブ・ラーニングの手法を覚え、探究的な学習の指導法を学び、教えない授業のもどかしさに耐えた。そしてそんな中で出会ったエドビジョン型PBL*に、今、魅せられている。

エドビジョン型PBL実践例

(1) 誰かを幸せにするプロジェクト

2021年４月。「誰かを幸せにする」というテーマで、都立第五商業高校３年生の課題研究（学校設定科目）PBL講座は始まった。この課題研究という科目は商業に関する学科の原則履修科目と位置づけられているもので、これまで学習した知識や技術を活用して主体的に課題に取り組むというものだ。本校では探究的な学習の時間をこの科目に置き換えており、地域連携や作品制作などを通して体験的に学習する講座と、調査→研究→発表といった流れを辿る探究学習の２つのタイプの講座が、それぞれのテーマに分かれて13講座開講されていた。この授業はそのうちのひとつで、オリジナル商品の開発と製造販売を実践するというエドビジョン型PBLである。

(2) 生徒たちの活動内容

生徒たちが開発した商品は「ロケット鉛筆型メイクブラシ」である。これは2年次に履修した科目の中で考案されたもので、この生徒たちははじめから商品化を夢に描いていた。そしてこの企画と「誰かを幸せにする」というテーマとの関連は、「とても便利な商品なので使う人たちは快適で幸せだ」という仮説でつながれた。いざプロジェクトを進めてみると、その遂行は容易ではなかった。製造委託先を探し、クラウドファンディングで資金を募り、販路を開拓した。ビジネスの経験を持たない生徒たちにとっては、活動の全てが手探りであり、困難の連続だ。時には高校生だから相手にされないこともあり、逆に高校生だから助けられたこともあった。

目標達成のために、直接企業にコンタクトを取り、交渉を重ねる日々。不慣れなメールの作成に、はじめは1時間を要した。真剣なビジネスの場で、丁寧だが未熟で解りづらいメールを受け取った側は、さぞ困惑したことだろう。けれどもその文章に潜む「こんな商品を作りたい」という熱い想いは、大人の心をも動かしていった。来校した製造委託先の担当者は、「遠い昔に忘れていた大切な何かを思い出しました」と、照れたように笑った。

(3) 人との関わりが育む情意

生徒たちの想いに応えようと、企業側は国内だけでなく海外の工場との交渉にも奔走していた。このような姿を目の当たりにし、生徒たちもまた奮い立った。プロジェクトを始めた頃は、商品を実現させたいという一心だった生徒たちだが、困難を乗り越えながら具体的な活動を進めるに従い、考え方に変化が見られるようになっていった。関わる人々の温かい心に触れ、生徒たちも単に「見知らぬ誰かに便利な商品を届ける」だけでは終われなくなっていったのだ。必ずこの活動を成功させ、「この商品の販売を通して社会に貢献する」ことが自分たちの使命だと考えるようになっていた。そしてこの商品が多くの人と自分たちをつないでいることを理解し、街にあふれる様々な商品にも、商品の向う側にいる作り手と売り手、そしてそれを手にする買い手の想いや人生を想像できるようになっていた。

プロジェクトは結果的に50万円を超える売上を達成し、販売利益の全額が東京都国立市へ寄贈された。またこの商品は、国立市のふるさと納税返礼品としても登録され、新聞の紙面を飾った。しかし生徒たちが街に届けたのは寄付金だけではないはずだ。“コロナ禍で苦しむ街の人々に、自分たちのがんばる姿を見て元気になってもらいたい”“高校生でもこのような活動を成し遂げられると知ってもらい、挑戦する勇気を与えたい”という想いも、きっと街の人々に届いたと信じている。

デザインをしないから広がる可能性

エドビジョン型PBLでは、教師は自走する生徒の伴走者として、生徒の学びに寄り添う存在となる。生徒たちの活動を見守り、生徒たちの学びを支えることが教師の役割だ。そのため、教師による授業デザインは無い。強いて言うならば、この授業を通して「幸せに生きる生き方を学ぶ」ことを期待し、頓挫したら振り返りで学びを深めさせる準備をしておく程度である。それ以外は、安全に活動できる環境を作ることと、生徒が迷った時にアドバイスをすることだけが私の役割だった。最も、アドバイスを聞き入れるかどうかも生徒次第であるため、却下されたアドバイスの方が多いだろう。これは生徒と共に創る授業であり、どこに辿り着くのかわからない不安と面白さが常に混在していた。しかしこうして振り返れば、最後まで学びの深い授業であったと思う。

授業デザインは、科目の本質と授業の目標さえ捉えていれば、作るのはたやすい。そして正確に授業をゴールへと導くものである。だがデザインをするということは、教師の意図したフィールド内だけで生徒が学ぶということだ。それは想定を超えた学びの実現を阻んでしまう。だから、目標設定と振り返りを念頭に置いておけば、デザインをしないというデザインの選択もあると私は伝えたい。それは時として、想像を超える成果をもたらしてくれるのかもしれないから。

* 米国ミネソタ州ニューカントリースクールで開発された自律学習者の育成を目的としたProject-Based Learning。現在米国で広く普及している。

さかもと・ゆき　商業科、日本大学卒、静岡県での教員経験を経て平成25年に入都。2度の教育研究員を経験し、現在は日本PBL研究所認定PBLアドバイザーとして、学校生活のあらゆる場面でエドビジョン型PBLを実践している。

生徒から学んだ私のBeing

下西美穂
東京都立戸山高等学校 国語科 主任教諭

「授業づくり」はBeing

授業はどうつくりあげていくのか、生徒と教師はそこにどう関係するのか……。お題をいただいて、これはまさしくBeingだなと私は感じた。「こうすれば授業はうまくいく」という絶対的なDoは存在しないように感じるからだ。目の前の生徒によって、授業は変わる。同じ生徒であっても日によって変わる。「こうすれば大丈夫」というものは、少なくとも私にはない。

私立中高一貫校、総合学科高校、定時制高校、中堅普通科高校を経て、現在進学校に勤務している。さまざまな学校を経験し、さまざまな背景や状況にある生徒たちに出会い、授業づくりをしてきて、共通しているものは何かと考えた時、常に大事にしている姿勢があることに気がついた。それが私のBeingであると思う。根本は、生徒一人一人を、「教員」に対する「生徒」としてではなく、「貴重な人生の時間を使ってここにいる一人の人間」として尊重する姿勢である。

ラポール「心の架け橋」

生徒一人一人を「教員」に対する「生徒」ではなく、「貴重な人生の時間を使ってここにいる一人の人間」として尊重する姿勢。これは、教員になりたての頃はできていなかった。「教師」として「生徒」をまとめなくては、「教師」として「生徒」に教えなくては、という意識が強かった。この姿勢を学んだ一件がある。

定時制の中でも困難校と言われる学校に勤務することとなり、想像さえしたことがない生徒の状況、学校の実態に、自分を保つのが精一杯の日々を送っていた。次々と教員が病み、時に辞めていく。そんな学校だった。今まで「授業」だと思っていたことなどできようはずもなく、どうすれば生徒が授業中教室内にいてくれるかばかりを考えるような日々だった。五里霧中、無我夢中でいろいろなことを試みたが、授業がうまくできたと思えることはなかなかなかった。そんななか行った国語の時間の漢字パズル。クラス全体があたたかくなり、今日は授業ができたな……と思えた。漢字パズルといっても、単なる遊びではない。ひらがな、カタカナの苦手な生徒もいるなか、少しでも楽しく漢字が学べないかと思っての取り組みだった。ヒントのたくさんついた漢字パズルのプリントを配り、それを拡大したものを黒板に貼る。生徒の様子を見て回り、パズルが解けていて前に出られそうな生徒に、「すごいね。これできてるよ！みんながわかるように前に書いてくれる？」と声をかけ続けた。すると、声をかけた生徒たちが、「よっしゃ！」という雰囲気で動いてくれ、クラスが一つになったような気がした。

何がよかったのか、当時の私はよくわからなかったが、初任時の指導教員に「それはラポールができたのだろう」と言われた。「ラポール」。フランス語で「架け橋」、「互いに信頼し合い、安心して感情の交流を行うことができる関係が成立していること」。つまり恥ずかしいことながら、これまで安心できる関係を築けていなかったのだ。教室内にいさせなければならない「生徒」としてばかり見ていたのだろう。この時間、私は生徒の様子を細かく見て、さまざまな理由で人前に立てない生徒は避け、人前に出るのに抵抗がない生徒にのみ前に出ることをお願いした。一人一人の状況を尊重した行動がクラス内の安心感をつくり、授業を成立させたのだろうと思う。この後の授業がすべてスムーズにいったかと言えば、もちろんそんなに甘くはなく、３年間四苦八苦し続けたが、大事な姿勢を学んだ、貴重な一時間だった。

生徒たちはさまざまな事情を抱えながらも、大事な人生の時間を使って今授業の場に来ている。そのことを尊重し、一人一人を精一杯大事にする。それは当たり前のことかもしれないが、授業をつくるうえでとても大切な姿勢であると身をもって学んだ。

プラスのエネルギー

私は授業も国語も大好きなので、「楽しい！」と思っていることがほとんどだが、もちろん気が滅入って楽しいなどと思えない時もある。しかしそんな時も、心を奮い立たせ、全力で授業を楽しむように努めている。教員がつまらなそうにしている授業はつまらないだろうという理由ももちろんあるが、私がこの姿勢を崩さないのは、これも生徒に教えられた理由がある。

以前の勤務校で、授業中、「先生ってホント国語好きだよね。すごい楽しそう！」と生徒たちに言われた。「そうだね。私はみんなと一緒に授業するのとっても楽しいよ！　この仕事を選んでよかったなって思う」と私は答えた。すると、それまで机につっぷしていた生徒が「え！　国語の先生っておもしろいの⁉」と、がばっと起き上がり、「じゃあ、俺もそれになる！」と叫んだ。いやいやいやいや。「人によって何が楽しいかは違うから、自分にとって楽しいと思えるものをヒントに進路は考えよう」と伝えたが、その時の彼の目の輝きが忘れられない。彼は、学校生活に対しても進路選択に対しても投げやりな態度を見せる生徒だった。が、その後、「俺、ヘアスタイルとか考えるの好きだし、美容師になろうかと思う」とぼそっと言いに来た。後日、おすすめの専門学校の一覧を渡すと、「俺に？　ありがと！」と笑顔を見せてくれ、進路について話し合うこともできた。その後彼は無事に卒業し、美容師の道へ進んでいった。もちろん授業の一件だけが、彼の進路決定を後押ししたとは思わないが、大人になっても毎日を楽しめる、仕事を楽しめる、少なくともそういう大人がいるということが、彼の背中を押すことになったのかなと思うできごとだった。

生徒たちは10代という人生の方向性を考える大事な時期に、学校に、授業に来ている。それならばそこに関わらせてもらう私は、なるべくプラスのエネルギーをもってそばにいたいと思う。それが生徒たちの背中を押すことになることもあるからだ。そのためにも、私自身が授業はもちろん人生もまじめに楽しんでいる人間でありたい。休職して大学院で学ぼうと思った理由の一つもここにある。大人になっても楽しんで学んでいる姿が、生徒の視界の隅に入ればいいなと思ったのだ。

生徒たちは、これから何十年も生きるだろう人生のうち、10代の貴重な人生の一部を使って授業の場に来ている。この事実を忘れずに、授業を「授業」という枠の中だけのものと捉えず、彼らが人生をより前向きにより豊かにできるきっかけや力を得られる場であるようにと願い、授業をつくり臨んでいる。

授業の場の意味

授業とはなんのために存在しているのか。これは教員になってずっと考えていることである。勉強なら一人でもできる。一人が難しければ、YouTubeを使う、家庭教師につくなど、他の方法もある。それらと学校の授業は何が違うのか。40人近くが集まって、同じ対象について考える、学ぶという時間と空間が授業なのだろうと私は考えている。では、せっかく授業の場に来ているのだから、来た甲斐があるものにしよう。これも私が授業づくりの際、考えていることである。

定時制高校では、授業以外ではペンを持つことすらない生徒が多かった。夏休み明けは一か月以上ペンを手にしていない生徒がほとんどで、ペンを持つことに慣れることから授業は始まる。一人では難しいことでも、授業という場でみんなと一緒ならばできるのだ。

一方、進学校には、文章を読むこと、文法事項を知ること、現代語訳をすることなどであれば、スマホや文法書を使っていくらでも正答を導ける生徒たちが集まる。つまりそれだけでは授業の場に来た甲斐がない。同世代が40人集まって、ちょっと国語が得意な私がいる。その時間と空間を生かすには……と考えて授業づくりをする。文章を読んだだけ、古典を現代語訳しただけではわからない、その時代背景、事柄の理由、作者の意図などを、私からのヒントなどをきっかけに、クラスメイトと話し合い、深め、そしてシェアして、さまざまな意見をたくさん浴びる。また、書いたもの、発表したものに、仲間からフィードバックをたくさんもらう。そして、一人では得られなかった気づきや楽しさを得る。これができれば、授業の場に来た甲斐があるということではないか。このような授業では、「おおー！」という気づきの声があがる。この声があがれば、今日の授業はうまくいったかなと考えている。

目の前の生徒に沿った、今彼らが授業の場において得られるベストのものは何かを考えた授業をつくることは、もしかすると、毎日彼らの様子をさまざまな場面で見守ることのできる学校という場だからできるのかもしれない。

生徒から教えられながら

授業をつくる際、「こうすれば大丈夫」というものは、私にはない。しかし、心がけている姿勢や考えは、述べたとおりである。もちろん、さまざまな意見があるだろうと思う。教員たる者、毅然とした態度で生徒におもねるなという意見もあるだろう。しかし、私は生徒に教えてもらってきたことをもとに、この姿勢で「授業づくり」を行っている。そして、これからも、私自身が学ぶ姿勢を忘れずに、生徒から教えてもらったことを大切にしながら、自らの姿勢を、授業の意味を考え続けていきたい。

しもにし・みほ　私立中高一貫校を経て、都立高校へ。総合学科、定時制、中堅普通科を経験。休職して大学院修了。現在進学校勤務中。総合学科高校でキャリア教育、アクティブラーニングに出会う。国語教科書、東京都教科書「人間と社会」執筆。

つながる場としての授業

伊藤航大
聖学院中学校高等学校 社会科（公民）教諭

授業を学校で行う価値を、常に自問している。単に知識を得るだけであれば、映像授業で間に合う。コロナ禍で教員のICTスキルは全体として格段に向上し、教員オリジナルの授業動画やオンラインコンテンツの質も高くなった。このような前提がありながら、それでも生徒が学校に来て授業を受ける価値は、以下の二つにあると考える。

①異なる成長をした同年齢の生徒たちが、その価値観を共有すること
②その道のプロと出会い、自分の考えや視野がプロからはどう見えているのかを知ること

聖学院のスクールモットーは「Only One for Others」である。かけがえのない自分を他者のために活かす、という意味である。自分と同じように他者を大切にできる人の育成を、本校では目指している。このスクールモットーは決して形骸化していない。授業、学校行事などではもちろん、「Only One for Others」という言葉を聞かない日はないくらい、日常の言葉として定着しており、生徒も自分の言葉の一つとして使っている。私は社会科教員として、高校１年生の「公共」、高校２年生の学校設定科目「現代の社会」（求められる力が激変する社会の中で、定期考査などのペーパーテストでは測れない汎用的能力の獲得、学びのモチベーションの向上を目的とした本校独自の授業）を担当している。上述した二つの価値は、本校のスクールモットーを実現するうえでも重要な要素であると考える。この二つの価値を最大化するために、私は下記の授業を展開している。二つの授業を参考に、授業がもつ重要性について述べていく。

視点を獲得する「公共」の授業

「公共」では、毎回ディベートを行っている。それぞれの経験や考えたこと

を言葉にし、討論を通して新たな視点の獲得を目的にしている。社会課題は解決されるべきだが、解決されることで新たな被害を受ける人もいる。「こうあるべき」に対し、様々な視点を獲得するうえで、多様な背景をもつ仲間の存在は欠かせない。

授業の流れは以下のとおりである。授業がある前週に授業プリントと単元にまつわる新聞記事を配信し、生徒は授業までに読んでおく。当日は授業の冒頭に15分ほど単元のレクチャーを行う。この三つの材料を参考に、問いに対する自分の意見をまとめる。その後賛成派と反対派に分かれ、20分程度のディベートを行う。たとえば政治分野「社会権」の単元では「我が子の入学式に参加するために、担任が勤務校の入学式の日に欠勤することは認められるか？」という問いを投げている。ディベートのグランドルールは

①目的は新しい視点を獲得すること（相手の論破ではない）

②誰の発言かではなく、どんな発言かに注目すること（安心安全の場をつくる）

である。両者の意見を出したうえで、質問や反論を重ねる。20分が経過したところで、ディベートを踏まえた最終的な自分の考えをGoogle Formsで提出して授業が終わる。

ディベートでは、生徒は自分の経験やニュースで聞いたことなどを参考に話し合う。時には賛成でも反対でもない場合もあるが、必ずどちらかに分かれるようにしている。「わからない」と発言するところから、意外な意見を得ることもあるからだ。このディベートでは、双方の立場がないと成立しない。互いの意見を否定しあう「敵」としてではなく、意見を客観視する「鏡」として同学年の仲間がいる。このやりとりは、同じ時間と空間を共有することではじめて実現する。公共の授業が始まる4月には「僕は発言が苦手だからやめてほしい」という声が一部の生徒から聞こえたが、2学期の終わりの頃になると「僕は発言自体は苦手だが、発言者の意見をつなげて考えてみたり、発言の意図を深く推察したりすることが得意だと気づいた」などと、授業に留まらず集団の中での自分の役割を考える生徒も出てきている。

授業には学外から講師を招くことがある。社会保険労務士、公正取引委員会の職員、弁護士、NPO職員など、その道で活躍されている方をお招きし、ディベートを実施してもらう。プロと語ることで、その業種ならではの空気感、考え方を肌で感じることができるからである。これも空間の共有によってその強さを増す。「講師が同席する授業は普段よりも緊張感が走る」とある生徒が語っていた。自分の意見がどう思われているかを、普段よりも強く意識するか

らだという。しかし、自分の発言を講師が受け止めて「そういう考え方があるのか」と唸る瞬間、その生徒は「発言してよかった！」という気持ちになったと話している。講師のいる授業は、普段の授業で練習した考え方、発言を実践する場にもなっているのかもしれない。

相手の存在を意識する学校設定科目「現代の社会」の授業

「現代の社会」では、「『伝える』と『伝わる』の違いを知る」「社会とつながる」「自分の頭で考え、自分たちなりの答えをつくり出す」をキーワードに、教師からの一方通行ではない、生徒間での学びあいをベースとした授業を展開している。どの授業も「表現」を通して「相手（ターゲット）を想定する」「伝えたいことを媒体の特徴を活かして伝わるように工夫する」ことを大切にしている。授業コンテンツの一つ「YouTuberになりきって聖学院をPRしよう」という授業を例にあげ、私が授業づくりにおいて大切にしていることを述べる。

この授業では、まず単元の最初に本校が作成している広報動画を見る。本校教員が学校の魅力や受験方式を説明する内容である。「君なら、この動画を見て『入学したい』と思うか？」という問いを投げかけ、生徒は素直に感じた違和感を言語化する。そこから、「本当に入りたくなる、自分たちしか知らない聖学院をPRする」動画作成に取り組む。大人である教職員が感じる本校の魅力は確かにあるが、それは必ずしも生徒が感じる魅力と一致するわけではない。さらに言えば、生徒が感じる魅力こそ、教職員には見えていない良さである可能性がある。「『文句』を『対案』に」を合言葉に、生徒が感じた違和感を内に押し込めず「なぜそう感じたのか」を出発点に「こっちの方がいい」と生徒が胸を張って言える作品づくりを私は後押ししている。生徒の多くは普段、世の中にある制作物に対し軽い気持ちでダメ出しをするが、いざ自分で形にするとなるとその難しさに戸惑う。このモヤモヤ感が、生徒の社会への見方を大きく変える瞬間だと思う。単元を終えると、いつも「思ったより難しくて、プロの仕事の価値がわかった」という声を聞く。生徒が聖学院をPRする動画をつくる理由はここにあると考える。

現代の社会では、班の活動も多い。上記のほかに「コントのシナリオをつくる」「ドキュメンタリー映画をSNSでマーケティングする」といった授業なども実施している。生徒それぞれの感性をプロダクトに盛り込むプロセスで、それぞれがもつ「わくわくするポイント」の違いに気づき、自分の考えを客観視したり、多様な考えを取り入れたりすることができる。

新型コロナウイルスが蔓延しはじめた2020年度初頭は、学校全体がオンラインの双方向授業に切り替えた。すなわち時間のみを共有する授業である。もちろん授業が成立しないわけではないが、空間も共有している授業と比較すると、一つの発言からの発展度合いは低い。授業に必要なのは、一つの正しい軌道に乗せることだけではない。生徒を取り巻く空気感や「そういえば」や「言われてみると」といった、ぽつりぽつりとした思い出しや連想から始まる小さな寄り道だと痛感した。この寄り道は、オンライン授業よりも対面での授業の方が圧倒的に多く発せられる。オンライン授業では、誰かが発言すると、その発言が場の全体を支配し、他人が発言しにくい環境になるからだと思う。カメラの有無によりそもそも相手の顔が見えにくい仕組みに加え、マイクが一人分しか音を拾えないことに原因があると考える。誰かが発言を終え、自分以外の誰も発言をしないことを数秒間確認してはじめて、自分が発言することができる。対面授業では、このオンライン特有のハードルがないことが、発言の流動性を生み、自然な対話が実現する。こうしたところから対面授業における空間の共有が、新たな視点獲得における非常に重要な要素であると感じられた。

また、普段接することがない人との出会いも授業がもつ大きな意義である。授業内容は、必ずしもそれまで生徒がもっていた興味と重なるとは限らず、むしろ新たな出会いになることの方が多い。そんな時に、その内容を突き詰めた人と出会うことは、生徒の興味を広げるだけでなく、自分をメタ的に見る助けにもなる。

映像授業では得られず、教科内容のみに留まらない「学び」を経験するために、学校は不可欠だと考える。同時に、学校・教員は生徒が学校に来て授業を受ける意味を再度考え直さねばならないと思う。それは授業への付加価値を考えるというよりもむしろ、学校における学びを定義し直すことであるはずだ。

最後に、授業における私の役割は「つなぎ手」であると思っている。教科の学習はきっかけにすぎない。教員が教科内容を教えるだけでは、生徒の学びは授業者の知識や経験を超えることはないからである。生徒はクラスの仲間や社会、プロを鏡として自分を知り、学びを深めていくと考えている。授業をきっかけとして、あらゆる外の世界と生徒をつなぎ、生徒の学びにレバレッジをかけられる存在でありたい。

いとう・こうだい　東京学芸大学教職大学院修了。授業改善のためのリフレクションワークショップを企画・展開。2019年度より聖学院に奉職。教科教育だけでなく、レゴ®シリアスプレイ®の資格を取得し、聖学院独自の思考力入試の作問・採点にも携わる。

生徒たちのWell-Beingを目指して

西村吉史
群馬県立中央中等教育学校 英語科教諭

教員としての在り方を問い直す

思えば恥の多い教員人生を送って来た。学ぶこともせず、ただ日々の仕事の中に埋もれ、経験だけを縁に生きて来た。その結果、多くの生徒たちに迷惑をかけて来たことと思う。2011年3月、そんな自分に転機が訪れた。当時宮城県の南部の学校に勤務していた自分は、東日本大震災に伴う自宅の浸水、夜通し鳴り止まぬ救急車のサイレン、福島第一原発の水素爆発、校舎の損壊などを通して、今まで当たり前にあったことが何かのきっかけであっという間に崩れ去っていく様を肌で感じた。いつ終わるのかも分からない命。「これからもこういうことが起きるのではないか」と考えた時、「果たして今までの自分のままで良いのか」という問いが生まれた。

そんな折、授業で使っていたテキストの著者が震災復興支援の一環として仙台でセミナーを行ってくれた。意を決して、初めて参加した。目から鱗、とは正にこのことだった。楽しかった。有益だった。学んだことを授業で実践したところ、生徒たちが笑顔になった。英語力も伸びた。自分にとって「誰かのために学ぶ」ことの楽しさと幸せを感じた瞬間であった。

自分が学びたいことを教えてくれる人がいれば、全国どこにでも行くようになった。部活動の合間を縫うようにして夜行バスで仙台から大阪まで行ったり、月曜日の始発で上野から宮城に戻って1時間目の授業をしたり。そんな変態ツアーを繰り返すうちに、全国に仲間ができた。今では自分にとってかけがえのない財産となっている彼らのおかげで、今でも謙虚に学び続けることができている。心から感謝している。

あれから12年が過ぎた。学び続けたおかげで、自分の中では教員としての太い芯ができた。経験だけを縁に仕事をして来た自分は、もういない。何のために、誰のために働いているのか、自信をもって言える。

学習指導要領前文に、こう書かれている。「これからの学校には、こうした教育の目的及び目標の達成を目指しつつ、一人一人の生徒が、自分のよさや可能性を認識するとともに、あらゆる他者を価値のある存在として尊重し、多様な人々と協働しながら様々な社会的変化を乗り越え、豊かな人生を切り拓き、持続可能な社会の創り手となることができるようにすることが求められる」

読めば読むほど分かる。決して進路達成だけを目的とはしていない。学習指導要領の目標を達成すべく授業を組み立てるのが、教員としての責務である。この前文をもとに、自分の中ではいくつかの柱を立て、授業にあたっている。

生徒が自らの力で、Well-Beingを生み出せるようになるための授業

Well-Beingとは「自分の心と体と、社会が満たされた状態であること」と定義している本を読んだことがある。授業づくりの文脈でこれを考えた時、「社会」を「自分を取り囲む環境」と置き換えて考えると、「自分を取り囲む課題を解決することにより、自分を取り囲む人たちを幸せにし、自分も幸せになる力を身につける授業づくりを目指す」ということになるのではないだろうか。

自分は英語の授業の導入において、社会課題を用いる。例えば「今日10月27日は原子力の日です。原子力のメリットとデメリットはなんでしょう。みなさんは、原子力を今後日本でも使っていくことに賛成ですか、反対ですか」といった具合だ。

生徒たちはICTツールを使って、メリットとデメリットを調べ始める。ここに主体的な学びが生まれる。調べたことをシェアしあうことで、知識の共有が行われる。対話的な学びが生まれる瞬間だ。こうして得た情報をもとに、賛成か反対か、意見の交換が行われる。ここに正解はない。ただ互いの存在と価値を尊重し、自分の視野を広げ、視座を高める。こうして得た学びは、一方通行の授業だけでは得られない、深い学びとなる。さらに加えて、授業で得た学びが授業内にとどまらず、社会につながっていくことを感じられる。

また、世の中にどんな社会課題があって、それにより誰が苦しんでいて、どんな問題があって、それを解決するためにどんなリソースがあって、どんな取り組みがなされているのか、将来自分が当事者となった時にどんなことができるか、考えてもらうようにしている。これにより、生徒の「学ぶ目的意識と当事者意識」の涵養を図っている。

もちろん、社会課題を知ったところで、それが生徒のWell-Beingにつながっていくわけではない。今やっているのは、植物への水やりと同じだ。いつか

芽が出て花が開くことを願い、いつか生徒が自らのWell-Beingを成し遂げられるよう、適切に水を与えることが自分の英語の授業づくりのベースにある。

「我以外は皆、師」

自分の尊敬する仲間の一言である。自分は、英語の授業もこの一言に則って進めている。授業で生徒が情報を手に入れるのは、なにも先生からだけである必要はない。教科書からでも、ICTツールからでも、クラスの友達からでもよい。それによってその授業の目標以上のことを達成してくれれば、なお良い。さらに言えば、先生が教えたいことと生徒が学びたいことが必ずしも一致していなくてもいいと思っている。予定調和な授業に化学変化は生まれない。藍より青くなる青が出でることもない。先生が教えたいと思っている以上のことを生徒が学ぶためには、自由な雰囲気の創出が大事だと思っている（授業は先生が生徒に教える場、というスタイルを否定するものではない。ただ自分は、枠を超えた学びの先にこそ真の主体的な学びがあると信じている）。

主語を生徒に

「生徒に○○させる」という表現が教育現場では溢れている。教員が主語になっていることの証である。教員が主語になると、生徒がお客さんになる。お客さんになった生徒は先生に言われたままをやるようになり、生徒の行動の判断基準が「先生に怒られるかどうか」になる。

「生徒に問題を解かせる」も「生徒が問題を解く」も生徒の見た目の行動に変わりはない。しかし、教員が生徒を主語にして考えられるようになるか否かは、生徒の主体性にとって大きな分かれ目になり得る。

「生徒に問題を解かせる」教員は、生徒が指示に従わないことに腹を立てる。

「生徒が問題を解く」と考える教員は、生徒の主体的な学びを支援できるようになる。自分は、生徒たちに自分を超えて大きく羽ばたいていってほしいと願っている。常に「生徒」を主語にし、生徒たちが自分の力で羽ばたこうとしているか否か、という視点で生徒たちを見つめるようにしている。

誰のために、何のために学ぶのか

自分は授業開きの機会や折に触れて、生徒たちに伝えている。「大学受験は学ぶ目的じゃない。目標だよ」。それまで大学に受かるために勉強して来た生徒たちは「?」という顔をする。

そして改めて問う。「みんなは何のために勉強するの? そして誰のために勉強するの?」。生徒たちは答える。「誰のため? 考えたこともなかった」。

2050年までに二酸化炭素の排出量と吸収量とを同じ量にする「カーボンニュートラル」が叫ばれている。産業革命以前からの気温の上昇を1.5度以内に抑えないと、将来世代が暮らす地球が今以上に危険に満ちたものになってしまうからだ。

自分は「生徒たちが学ぶ目的のひとつは、豊かな地球を後世に残すことであり、誰のために学ぶのかと言えば、将来世代のためだ」と考えており、このように生徒たちに伝え続けている。学習指導要領前文にもある「持続可能な社会の創り手」とは正にこれを意味するのではないか。1.5度を超えて気温が上昇した社会を、もはや持続可能と呼べるとは思えない。

そのためにも自分は授業で折に触れて、地球温暖化に具体的な対策を打つことについて、生徒たちに伝えている。個人的に、地球温暖化や脱炭素まちづくり、カーボンニュートラルについて勉強して来たから言える。今がターニングポイントである。今、地球温暖化を自分ごと化しないと、持続可能な社会を作ることは難しくなる。このことを、声を大にして生徒たちに伝えたい。「君たちは持続可能な社会の担い手になるべく、今学んでいるんだ。将来の君たちの伴侶や子供たち、孫たちが今の君たちと同じように豊かな暮らしができるようにするために学んでいるんだ。地球温暖化に伴って、できなくなることやリスクが増えるような、そんな社会にならないように、持続可能な社会を創るために学んでいるんだ。そのために、大学に行って学びを発展させてほしい」。

授業は、教員が一番多く生徒と接する時間だ。その貴重な時間を、教科書に沿った、指導案に沿った学習指導だけに充てるのは、あまりにももったいない。一人でも多くの生徒たちに学ぶ目的と相手を明確にしてほしい。そして何よりも、一人でも多くの先生に、とりわけこの本が届かないような先生に、何のために生徒に学んでほしいのか、誰のために生徒に学んでほしいのか、今一度問い直してほしい。

授業を通して、持続可能な未来を共に創っていきませんか。

にしむら・よしふみ　1971年生まれ。29年間宮城県立学校の教員として働き、令和4年度より群馬県立学校に勤める。YouTube「まなたびチャンネル」で、旅をしながら学ぶことの楽しさを発信している。

つけたい力を意識した授業デザイン
――発信力をつける

高橋英路
山形県立米沢東高等学校 地理歴史科教諭

1. 「理論」より「想い」を

高校現場でも新しい学習指導要領が浸透し、カリキュラム・マネジメントや観点別評価、ICT活用など、様々な波が押し寄せてきている。それに伴い、学習指導要領や解説、各種答申を読んだり、関連する研修の場に参加したりする機会も増えている。それ自体は、自分の教育観を見直す良い機会でもあり、非常に有意義である。ただ、本書には多くの方々が寄稿されており、全員が右へ倣えの同じような内容でなく、十人十色の教育観がある方が読んでいて面白いだろう。ということで、前述のような国の教育政策的なことや激動する時代は理解しつつも、私が大切にしたいブレない（ブレたくない）想いを自由に書こうと思う。

2. 一社会人として

教員にとって授業は最も大切な仕事であるが、私たちは教員である以前に、一人の人間であり、学校で働く社会人でもある。そんな私が仕事をする上で（おそらく、仕事だけでなく日常生活でも）大切にしていることを書いておきたい。

(1) 楽しんでやりたい

まずは、せっかくやるなら自分も楽しいと思えることをやりたいということである。「指導要領に載っているから」とか「昨年まで毎年やっているから」とか、消極的で義務感に満ちた状態で仕事をしても、より良いものにはならないし、何より生徒が気の毒である。また、これは仕事に限ったことでないが、何事も好きでやっている人、楽しんでやっている人には絶対に勝てないと思うのだ。例えば探究活動で生徒が動画を作りたいと言えば、一緒になって動画制作をしたり、生徒たちに負けまいとこっそり動画編集のスキルアップに励んだりしていた。「楽しいからやる」というと、「仕事を何だと思ってる!」と言われてしまいそうだが、嫌々やらされている仕事に比べてはるかに成果が出ると考えているので気にしなくて良いと思っている。

(2) とにかくやってみる

2つ目は、とにかくやってみるということである。良いアイディアが出たときや、新たなやり方やツールを見つけたときなど、無理なく取り入れられる形にアレンジした上で、まずは試しにやってみることにしている。「無理なく取り入れられる形にアレンジした上で」というところがポイントで、新たなお試しのせいで本来業務が疎かになっては本末転倒なので、最低限そこは守っている。やってみた結果うまくいかなくても軌道修正すれば良いし、それも無理で完全なる失敗だったとしても、その挑戦の過程で得られるものは貴重だと思う。

(3) ピンチで思考停止しない

最後の3つ目は、ピンチで思考停止しないということである。最近で言えばコロナもそうだが、赴任した学校の状況によってそれまで経験したことのない様々な壁に当たることがある。困難を乗り越えることを諦めたり、どうやり過ごすかだけを考えたりしてしまうかもしれない。そんなときに、ピンチをチャンスと捉え、そこでできること、逆にこの状況だからこそできることを考えられる人は、大きく成長できるのではないだろうか。私自身も、コロナによる臨時休校期間中、今ほどICT環境が整備されていない中であらゆる手段を駆使し、生徒と双方向のやり取りができる方法を考えたり、教科の学習はもちろん進路研究や探究的な活動も提供できる仕組みを整えたりしていたのを思い出す。

3. 一教員として

ここで、授業を担当している教員として大切にしていることについても述べておきたい。

(1) 発信力をつけたい

変化の激しいこの時代を生きる私たちにとって「新しいものを生み出すこと」「他者と連携・協力すること」「自ら問いを立てること」が特に重要だと考えている。いずれの場面でも、新たな提案を誰かに説明したり、協力してくれるよう説得したり、相手に分かるよう質問したりするなど、自らの考えを伝えることが求められる。そのような理由から、私が最も生徒に身につけてほしい力は「発信力（=自分の考えを発信する力）」である。これは授業はもちろん、個人面談や探究活動、部活動など、あらゆる場面で意識するようにしている。

(2) 得意を尖らせる

全員一律に同じものを同じ水準まで学ぶ時代は終わったと思っている。一人ひとりの得意な部分を見つけたり、自分で見つけられるよう促したりして、高校生活を通してそこを磨いていくことで、自分らしさ、個性が花開くようになる。その過程は自分の性格や適性を深く知ることにも繋がり、将来の進路を考える上でも非常に重要である。大学進学の志望理由書を読んでいても、どこかに尖った部分のあるものは、名前を見なくてもその人らしさが伝わり、読みごたえがある。どこをどう尖らせるか？　そこをサポートできる教員でありたいと思っている。

4.　つけたい力と授業デザイン

(1) つけたい力

授業デザインを考える上で、「つけたい力（私の場合は発信力）」は欠かせないものである。つけたい力があるからこそ、こんな授業、こんな教材、こんな導入……が必要だという話になる。

また、なぜその力が必要なのかを生徒に理解してもらうことも重要である。私の場合は、年度当初の授業の中で、「授業を通してつけたい力」を考えるワークを取り入れている。現在の社会の状況（激動の時代）を知るための映像などを見て、それを踏まえて今後の社会で大事だと思うことをあげてもらう。出てきたものに私自身の解釈も交えながら、いずれも「発信力」に繋がっていることを示すといった具合である。もちろん、発信力以外の力であっても、出てきた回答に繋げることはできるわけで、これはまさに正解のない問いである。その上で、こちらが考えた授業デザインを共有することで、「だからこういう活動が入っているのか！」と生徒も納得感を持って授業を受けることができる。

このようなことから、授業をデザインするために「つけたい力」を考えること、ブレない軸として自分の中で定めておくことは非常に重要である。

(2) 授業デザイン

発信力をつけるためにどんな授業をデザインしたのか、そこに至った経緯も踏まえながら事例を紹介したい。

かつて夜間定時制高校に勤務した際、もともと話すことに苦手意識を持つ生徒が多く、クラス内でなかなか対話が生まれず「発信力」をつけるための授業デザインに困難を感じていた。そんなときに出会ったのが「p4c(=philosophy for children・子どもの哲学)」という手法である。生徒全員が車座になり、ボールを回しながら正解のない問いについて対話するというもので、ボールを持った人が話す、否定しない、パスしても良いといったルールがある。慣れてきたら、相手の意見に質問して深掘りしたり、自分との相違点を指摘したりするなど、対話が活性化するよう促していった。

この事例は、社会に求められる力や私自身が生徒につけてほしいと考えている力に、目の前の生徒の抱える課題を重ね合わせて授業デザインを考えたものである。つけたい力と授業デザインの繋がりは重要だが、それで考えられた授業デザインがすべての生徒に適合するとは限らない。最終的には生徒たちの現状をしっかり把握して、授業を受ける生徒たちに合った形にデザインしていくことが求められる。つけたい力が同じであっても、勤務する学校や授業を受ける生徒たちが変われば、そのデザインも変化していくものなのである。

5. ブレない軸を持つ

これまで述べてきたことは、私が言わば「ブレない軸」として持っているものである。おそらくすべての先生方が何かしらの想いを持っているのではないだろうか。採用時から心にあるものもあれば、様々な経験を踏まえて自然と醸成されていくものもあるだろう。ちょうど新規採用のときに、先輩の先生から「若いうちは勢いがあり、それを生かして様々なことに挑戦できる。年齢を重ねると勢いは衰えるかもしれないが、挑戦を続けていくうちに経験から身につけるブレない軸が確立してくる。中堅的な年齢のときにそれらがちょうど交差できると、より良く成長できる」とアドバイスされたことがある。それが今の自分の「ブレない軸」を作ってくれている気がする。これを読んでいる多くの若手の先生方もぜひ、臆せず様々な挑戦をしていただきたいと思う。

たかはし・ひでみち　1981年生まれ。東北大学経済学部卒業、専門は地理。進路多様校や専門学科、定時制などの勤務を経て2019年より現任校に勤務。教務主任。

もっと「教師」を楽しもう

延沢恵理子

山形県立東桜学館中学校・高等学校 国語科教諭

国語教師としての遠回り

約30年前のことである。大学時代、大村はまの『教えるということ』に出会った。単元学習という名のアクティブラーニング型授業。どの子がどう考えるか、どう躓くかを想定する緻密な授業。一人では苦しいが仲間となら乗り越えられる、ちょっと背伸びの課題を本人にはそれと気づかせずに「お釈迦様の指」で乗り越えさせる授業。実の場で本気で学ぶ授業。優劣を越えて、学び浸る授業。そして、「身をもって教える」という教師としての在り方。現実の厳しさも知らず、そのストイックさと職人魂に憧れて、20代の私は国語教師の端くれとして、無謀にも大村はまの遠い背中を追いかけた。

教師になって初めに突き付けられたのは、己の知識不足だった。教育方法論を学んだ私は、授業スタイルのアイディアのバリエーションを持っていた。「新しい学力観」「生徒主体」という言葉の下で教師になった私は、「主体性」の名の下に生徒に丸投げの授業もやった。研究授業の場で「新しい」授業を提案することは、未熟な自分にも比較的容易だった。知識不足に蓋をして、「どのように教えるか」を工夫すれば、他人とは違った授業に見える。生徒が生き生きと発言する見栄えのいい授業をたくさんやった。でも、自分自身は自分の未熟や欺瞞を知っていた。生徒たちは、授業中は生き生きと発言していても、テストでは点が取れなかった。力を付けるということはどういうことか、見えずにもがいた30代だった。

3校目に赴任した進学校で、入試問題を大量に解く経験をした。思考するに足る問いとはどのような問いか。人は問われて初めて思考し始める。「何を問うか、何を教えるか」が見えてきて初めて、「どのように教えるか」が活きると知った。読みの志向性を意識した授業に変化してきたのは、この頃からだった。遅ればせながら、国語という科目が、個人内言語を耕し、共通言語を獲得させる営みであることを身体で理解した。それまでの私の授業は、個人内言語を尊重し過ぎて、他者と繋がり、学問の世界に入るための共通言語の習得への意識が不足していた。恥ずかしい話だが、40代に入ってやっと「授業づくり」のバランスが取れるようになった。それまでやってきた授業づくりの研究会を、作問研究会にシフトしたのもこの頃だ。良い問いが良い授業を創る。今の私には、その実感がある。たくさん遠回りをしたので、アクティブ・ラーニングが喧伝された時、「そんなに簡単じゃないよ」と心から思った。

やりたい授業は自分で創る

生徒に活動させる授業が流行中である。「何を」の部分がしっかりされている先生方が「どのように」を工夫することに異論はない。けれども、「何を」が未熟なまま、「どのように」だけ工夫した授業の蔓延に、かつての自分が映り込み恥ずかしくなることもしばしばだ。「教えるな」の声による「教え控え」もある。帰納的な理解が本来的理想的なものだと誰が決めたのだろう。科目や領域、テーマによっては演繹的な理解があってもいい。生徒の実態に「寄り添う」だけの授業では、背伸びしないと見えない世界を見せることはできない。教育界は今、理想論や「べき」論が強く、窮屈だ。多様な教員の、多様な授業の中で、多様な生徒が育つっていうのじゃダメなのだろうか。新しいことや教えないことが好きな人はそうすればいいと思うけれど、新しさを正しさと勘違いしたような主張に出会うとなんか聞いていて疲れちゃう。授業は、教員の自由裁量でデザインできる、貴重なクリエイティビティの発揮の場だ。もちろん、未熟なうちは自ら学ぶのが大前提だと思うが、たとえそれが自分には「正解」に見えても、他者に押しつけるものでもない気がする。これを教えたいから、これを教えるのに適した「材」を選び、こんな方法でやってみよう。流行の声が聞こえてくると、乗らないといけないムードになるけれど、あえて空気を読まず、自分らしく行こう。やっとそう思えるくらい、もがき倒した時間が今の私にはある。これからも自分なりの学びを止めるつもりは毛頭ないが、「ねばならない」の窮屈さからは自由でいたい。

学びのベースを育てたい

ここ6年間は中高一貫校で中1から生徒を育てる経験をした。読解力などの国語の力そのものを育てる授業案は他にたくさんあるだろうから、私にとって印象的だった、違ったアプローチの授業を二つ紹介する。

一つ目は「オール質問授業」だ。一つの小説教材にいくつかの問いをつくり、生徒たちに考えさせる。「この問いについて私はこう考えるのですが、先生はどう思いますか」と質問しないと、何も得られない授業だ。当時中学１年生だった生徒たちは、席を立って黒板の前にうじゃうじゃと陣取り、次々と質問し、持論を展開する。私は、不足している視点などを本文に添って指摘したり、「私はこう思うんだけど」という話をしたりする。私の周りで、立ったまま友人の背中に学習プリントを当てて、私の話を必死にメモし、友人に確認し、話し合い、疑問があったら、追加質問する。何人も背中を貸し合って連なっている中学１年生の姿は本当にめんこかった。板書はほとんどしないし、解答も配らなかった。もちろん、全ての授業をこのスタイルでやったわけではない。この授業の目的は、学びは自分で取りに行くものだと教えることだった。

また、中３では、文化人類学者である、東北大学の川口幸大先生とのコラボ授業を行った。魯迅の『故郷』を読む時に、中国の文化的背景を知らずに読むのと、知って読むのとでは内容の見え方が異なることに気づいた。この教材の活かし方を考え、「問いづくり」を経験させ、川口先生に質問する授業を仕組んだ。問いをオープンクエスチョンとクローズドクエスチョンに分け、中国文化に関する質問と文章読解に関わる質問に分け、当日は川口先生に質問するのにふさわしい問いを採用することだけを指示した。当日教室にやってきた「文化人類学者」に興味津々の生徒たち。１時間問い続けないと授業が成立しない。ここで教えたかったのは、「知識がないと読みが浅薄なものになるということ」、「知らないと読めないことがあるということ」だ。中国文化について知らずに読んだ物語と、知った後に読んだ物語の様相の違いに生徒たちは驚いたのだろう。無駄な学びなどないのだということを知っている生徒たちを育てたいと思っての授業だった。教科の内容「を」教えるだけではなく、教科「で」学びとは何かを教えることも授業の中で大事にしたい。今、大学受験を目の前にして、「文化人類学」への興味を表明する生徒も複数いる。学問への憧れの醸成も私たち教師の大事な仕事だと思う。

二つ目は「他者認識の授業」だ。「もし人間の顔をしたAIが学校に転校して来たら友達になれるか」と問う。クラスは「なれる」派と「なれない」派に分かれる。それぞれの考えを聞き、揺さぶる。「なれる」派は、「見た目が人間だったら大丈夫」や「人類皆兄弟」と言い、一方、「なれない」派は、「だってプログラムでしょ？」や「赤い血が流れていない」と言う。散々、わいわいやった後で、「正直に告白するけど、実はさ、私、サイボーグなんだよね」って小声で言う。教室は「え～!」とか「そうだと思った!」とか盛り上がる。「え～!って言った人。私がサイボーグじゃない、隣の人がAIじゃない、ってどうしてわかるの?」と問うと、生徒たちはしーんとして考える。「そっか、自分がそう思ってるだけなんだ」という声が上がる。「もしかしたら、その人がそういう人だという認識は自分が創り出したものなのかもしれないね」と伝える。この授業の後、しばらくは私を本当にサイボーグだと思っている生徒が数名出る(!)のがデメリットだ。読解の授業では、どう読むかの授業も行うし、必要があれば教材の幅を広げて読むこともある。ゴリゴリに問題を解かせるときもあるし、話し合いをさせることもある。でも時に、当たり前や思い込み、既成概念を壊してみせる。このことが、自分の思考から自由になるということであり、学びの第一歩だと思う。

教師という花

25歳の時、縁あって大村はまに豪華な夕飯をご馳走になったことがある。緊張して何を話したかも覚えていないが、その会が「遺訓の会」と呼ばれ、大村はまのお気に入りだという葛切りが本当に美味しかったことだけ覚えている(先生、こんなやつでごめんなさい!)。若い教師たちに先生は何を遺したかったんだろう。時々、そんなことを考える。

教師になって28年、いまだ大村はまには遠く、自分の不器用さやできなさ加減にうんざりする日も多い。でも、教師になって初めて行った教室で、生徒と同じ床の上で授業することを決めたあの日からずっと、私は板書以外では教壇に上がらずに授業をし続けている。かつて、生徒より高いところに立つのにふさわしい自分になれるように自分を鍛え、教壇に立つのだと言った先輩がいたが、私はそんなに立派にはなれなさそうだと思った。立派な先生じゃなくても、ま、いっか。でも、まだまだ知りたいことだらけ。正直な自分の想いを語れる教室で、生徒たちの成長に立ち会える喜びを感じつつ、自分を育て、生徒たちに育ててもらう日々を生きていこう。

「天与の花を咲かす喜び　共に咲く喜び　人見るもよし　人見ざるもよし　我は咲くなり」(武者小路実篤)

のべさわ・えりこ　全国女性進路指導研究会・山形若手中堅進学指導研究会・山形県高等学校国語学習指導改善研究会等、4つの会を立ち上げ、5つの会の事務局を担当。目の前の生徒たちと全国の仲間に勇気をもらい、教師を楽しんでいる。

専門家と教職員で紡ぎあげる協同的な学び

田渕久倫
札幌新陽高等学校 理科教諭・教務部長

講義型授業への疑問と協同的な学びとの出会い

2018年告示「高等学校学習指導要領解説　総則編」では、「これまでの学校教育の蓄積も生かしながら、学習の質を一層高める授業改善の取組を活性化していくことが必要である」としており、高等学校において授業改革を行うことは喫緊の課題となっている。

私が勤務する学校は、約700名程度の生徒が在籍する進路多様校である。赴任したときは、いわゆる問題行動といわれるものも多く、授業の成立に困難を抱えているクラスも多かった。

そのような状況のなかで求められていた教師像は、生徒に対して管理と統制ができるといったものだった。赴任当時の私は、そこに一切の疑いはなく、寧ろ自信と誇りを持って「わかりやすい」授業を追求し、「自分が丁寧に教えないと子どもたちは理解できない」と決めつけ、終始一方的に説明を続けていた。生徒に対しては、それを静かに聞き、板書を綺麗にノートへ転記することの重要性を説いていた。

2012年、中央教育審議会で「アクティブ・ラーニング」が提唱されると、あらゆるところで導入に向けた動きが始まり、数え切れないほどの授業法や実践事例を書店やネットで見かけるようになった。私もこれまで授業改革についての書籍をいくつか読み、多くの学校を見学させていただく機会があった。見学させていただいた学校では多種多様な授業が展開されていた。そうした学校の生徒は、終始黙々とノートをとっているわけではなく、一人ひとりが生き生きとした表情で、主体的に授業に臨んでいるように見えた。

この頃から、私は少しずつ自らの授業に対して疑問と葛藤を抱くようになってきた。私の授業は、私語や居眠りをする生徒はいない真面目な風景だった。しかし、全国で見た授業風景と重ね合わせたとき、生徒が主体的に学びに向かっているとは言い難い状況だった。

そんな葛藤のなか、2021年に勤務校で取り入れたのが、「協同的な学び」である。協同的な学びを本格的に取り入れようと決めたきっかけは二つある。

はじめは、東京大学名誉教授・佐藤学氏の『教師たちの挑戦』(小学館、2003)との出会いである。この書籍には、学びの共同体といわれる生徒と教師一人ひとりが学びの主人公であるという哲学を基盤にした協同的な学びが提唱されており、それを導入している学校の教職員が授業改革へ挑戦する様子が、屈託のない笑顔で学びに向かう子どもたちの写真とともに細かく描かれていた。こんな学校をつくりたいという思いが沸々と湧き上がってきたのを今でも鮮明に覚えている。

二つめは、北海道大学大学院教育学研究院の守屋淳氏との出会いであった。佐藤学氏が提唱する学びの共同体の哲学やその導入・推進のために、北海道各地の学校へ直接足を運び、伝えている方だった。校長から紹介を受け、授業の様子を見てもらった際、本校の教育の良い点や改善点を細かく教示してくださった。後日参加した守屋氏の研究会でも、事前に撮影した授業の動画を全員で視聴し、生徒の学びがどこで発生したのか、どこに学びの可能性があったのかを教室の事実に即して活発に意見交換をしていた。

黒板の書き方や話し方等、教師の活動に注視して授業研究を行っていた私にとって、今までいかに子どもの学びに目を向けていなかったかを思い知らされる時間となった。

教師が学び合う機会をつくる

協同的な学びを推進するために、私が断固たる決意を持ってはじめたのが「専門家を招聘した体系的な研修」である。研修という機会を通じて授業改革の必要性に対する認識が高まることで、教職員が主体的に授業改善に向けた行動を起こすのではないかという思いを抱いたことがはじまりである。

また、佐藤学氏、守屋淳氏をはじめとした専門家を招聘することにもこだわった。専門家に私たちの授業を見てもらい、教育学的、科学的な視点で、客観的に分析してもらうのが目的だった。勤務校の教職員だけで行う校内研修も設定したが、それらは互いの実践の共有や振り返り等の対話が中心である。

実際に、研修を通して授業改善へ行動を起こした教員から「世界各地で改革を実践している人だからこそ説得力があった」「授業改革の必要性がわかるデータを提示してくれたことで納得した」という言葉を聞くこともできた。

学校を開くという観点でも、これらの研修は大きな意義があった。研修日は、全ての授業を公開して中学校や高校を中心として外部へ告知したことで、多くの教育関係者が来校した。自分たちの授業を勤務校以外の人たちに見てもらうことは、転勤や外部との交流が少ない私立高校にとって貴重な機会であり、緊張感と高揚感に包まれた学びの多い１日となった。

賛同と拒絶反応の混在

研修は、かならずしも前向きな反応だけをもたらすわけではない。授業改革の過程は、円滑に進むとは限らず、様々な困難を伴うことを身を以て実感した。

研修後のアンケートには、前向きな意見をくれる教職員が多くいる一方で、拒絶反応が露わになっているものもある。例えば、次のような記述である。

「結果（大学一般入試での合格）を出せない可能性のある授業を公然と続けられる自信は私にはありません」「理想論だけでは通用しません」「講演の通りにやれば魔法の様に改善される訳ではない」「教科書範囲からの出題に対応できるようにするためには、知識教授の一方向的な授業にならざるを得ない」。

この感想を見たとき、私は大きくショックを受け、動揺を隠せなかった。研修の担当者として、これから授業改革への理解をどう浸透させるべきか悩んだ。

もちろん、原因は私にあった。真剣に日々の授業に取り組んでいる教職員にとって、唐突に新たな哲学を提案されても、それを受け入れることが難しいのは自明の理だった。いくら必要性を訴えても、拒絶反応は増すばかりである。

体系的な研修を進める際には、知識技能を習得する場を設けることだけではなく、事前の対話や段階的な導入等の工夫を凝らすことが必要で、それは専門家の招聘と同じくらい重要であると反省させられた貴重な機会だった。

生徒の変容

授業改革当初は、協同的な学びに馴染めない生徒の声もあり、教職員の賛同と拒絶の狭間にいた私は、さらに深く悩んだ。前述の教職員の反応以上に、前向きでない生徒の反応があると知ったとき、授業改革を中断すべきではないかと考えた。

この状況でも授業改革を推進することができたのは、「子どもたちにどうなってほしいのか」を問い続けたからだった。授業改革の目的は、主体的・対話的で深い学びを実現し、子どもたちの資質能力を育むことであり、生徒や教職員の葛藤を生じないようにすることではない。この目的意識に立ち返ったとき、協同的な学びの可能性を信じて進むことが必要だと判断した。

その信念が確信に変わる契機となったのが、生徒の変容である。協同的に学ぶこと、学びそのものに困難を抱える生徒がクラスメートと学び合う様子が多くの授業で見てとれたのだ。これこそが社会で直面する困難な課題を解決する力に直結するのだろうと確信した。

生徒の声に耳を傾けることは、教師として至極当然のことである。しかし、「子どもたちにどうなってほしいのか」を問い続けることは、それ以上に大切なことであり、教師の行動理念、つまり自身の行動の在り方と直結するのではないだろうか。

ここで忘れてはならないことがある。教職員からの拒絶反応にもつながることだが、生徒のなってほしい姿に「偏差値」や「進学実績」等を重ねてはならない。それらを目的にすれば、その先には知識一辺倒の講義型授業が生まれるのである。

みんなで創りあげる

教職員の理解が得られず、授業改革を躊躇したり、改革が頓挫する学校は多い。そんななか、私は協同的な学びの導入過程で、多くのことを学ぶことができた。授業改革において経験する迷いや挫折を乗り越えていくためには、多くの人たちの理解と支援が不可欠である。私が得た最も大きな学びはまさにそれだった。これから私たちが直面する課題を解決し、授業改革を円滑に推進する方策もこれに尽きるのだろう。

学校全体で進める授業改革で大切なことは、個人の思いや行動力といったものだけではなく、みんなで創りあげるという意識を醸成することなのかもしれない。教職員間で対話を重ね、ときには進んだ道を引き返しながらも、授業改革の必要性やそれに対する理解を浸透させていく。一見すると遠回りに見えるかもしれないが、結果的にそれが教職員やそれに関わる全ての人たちの主体性を育み、授業改革の実現を大きく引き寄せるのだと信じたい。

たぶち・ひさのり　筑波大学大学院修士課程修了。教育の根幹は授業であるという信念のもと、協同的な学びの推進を中心として、総合的な探究の時間の刷新等、子どもたちの主体性を育む教育の実現を目指している。

自分と出会い直す「本物の体験」

西野功泰
札幌市教育委員会 指導主事

はじめに

学校が安心・安全な場所になった生徒たちは、時に教師に対してこんなことを言ってくる。「何かしてみたい！」。

私はこの言葉を大切にしたい。これは生徒自身の学びを得る準備が整った合図であり、自分の在り方生き方と向き合う上で、これまでの自分を振り返り、現在の自分に何ができるのかを考えながら行動し、他者との触れ合いを通じて未来を思い描くことにつながる言葉だと考えているからである。

私は生徒一人一人の自立を促すにあたって、生徒たちの「自分を変えたい」「何かに挑戦したい」という気持ちに応える場を整え、支え、導いていくことを大切にしてきた。「自分なんて」と自己をさげすむ生徒の自己効力感を高めるために、他者と協働して学習活動に取り組む機会をつくる試みを続けてきた。その試みを何度も繰り返すうちにたどり着いたのが、生徒自らが自立に向けて行動できるよう、多様な大人の価値観に触れながら、「本物の体験」ができる機会をつくることであった。学校を生徒たちにとって居心地が良く、そして挑戦できる居場所にするための試みである

本物の体験

私は高校の商業の教師である。学校現場で勤めていた頃は、簿記会計や情報処理、マーケティング等、ビジネスに関わる授業を担当した。企業などで働いた経験はない。だから初任の頃は、書籍や他者の話を聴いた上で教材研究を行うものの、物足りなさを感じていた。その物足りなさを外部の企業と連携することで払拭しようと試みたが、外部企業と連携することは、当時はまだ敷居が高く、うまく実行に移すことができなかった。この悔しさは消えず、商業教師としての価値を自分自身に見出すことができずに民間企業に転職することも考

えた。そんな時である。先輩教師から、「社会に近い、開かれた学校」というスローガンを掲げた市立札幌大通高等学校(以下、大通高校とする)という新設校が開校するという情報をもらい、運よく職を得ることとなった。2009年(平成21年)のことである。

大通高校に着任して担当した授業では、学校内外の人を巻き込み、巻き込まれながら、全道の高校で開発した加工品を集めてアンテナショップを開いたり、まちづくりに関わる実践をしたりなど、生徒たちと多くの挑戦をした。その一つにミツバチプロジェクトがある。私は、授業で実施していた商品開発や販売実習に、ハチミツを教材として取り入れ、市内の様々なシェフや企業と連携・協働しながら、教科商業の魅力ある学びを最大限引き出せるよう授業研究を試みた。

私は「擬似体験」ではない「本物の体験」を通じて、社会の仕組みや問題・課題に直面することにより、生徒たちが卒業後も社会で活躍する心構えや姿勢をつくってほしかった。生徒たちに、自分の置かれている現状に限界を感じたり、将来に希望を持てなくなっている中で、焦燥感に駆られて自らの進路を狭めてほしくなかった。

生徒たちの学びを支える教師たちについては、ミツバチやハチミツに興味関心を示し、「面白い！　授業に教材として取り入れてみよう」というワクワクした気持ちを高め、それが伝播し、様々な活動が広がることが望ましいと考えた。生徒も教師も地域の人々も一緒に学びを拡げ、深めていくのである。結果も大切だがその過程が重視される実践をつくりたかった。

さらに、どんなに高い志があったとしても、それに見合う予算がないとプロジェクトは成立しない。生徒たちの家庭環境を見れば、自己負担でプロジェクトを行うことはじつに難しい。しかし、生徒たちが自ら予算を生み出すことは可能であると考えた。

自分たちが開発した商品やサービスを、自分たちの手で販売する。そうして、次年度のプロジェクト予算をつくりだす。こうすれば、持続発展可能なプロジェクトとなる。この循環をつくりだす過程は、まさに本物の商業の学びとなる。商業を学ぶこととプロジェクトの予算をつくりだすことを統一的に実現する試みである。

何のための試みか

販売実習で、ある生徒がハチミツに詳しいと思われるお客様の対応をしていた時である。「高校生が養蜂しているの？」と少し驚いた様子で質問してきたお客様に対して、その生徒は、プロジェクトの概要、自分がその中でどのようなかかわりをしていて、何を学んでいるかを丁寧に答えていた。

私は「なぜそんなになんでも答えられるようになったの」と尋ねた。生徒は、「ミツバチ関連の講座を３年かけて全て履修したからです」と答えた。学校のシラバスには、ミツバチ関連講座という表記はどこにもない。生徒自らが「カリキュラム」を創り出していたのだ。

注目すべきは、生徒が知識や技術だけではなく、なぜ自らミツバチ関連と考える授業を受講していったのか、なぜ自ら販売実習に挑戦したいと言ってきたのか、なぜお客様と触れ合うことが楽しい、やりがいがあると言っていたのか、なぜ人への信頼を失いかけ、不登校を経験した生徒が前向きに進路活動に努力できたのかということで、その意味を考えることが大切であった。「うちの学校にも遊びに来てくださいね！」という言葉から、学校が確かにこの生徒の居場所になっていることが感じ取れた。

時に教師は自らの実践を振り返ることが必要である。できれば俯瞰して見てくれる良き理解者や指導者、助言者が必要かもしれない。私は幸せなことにそうした人と出会うことができた。「本物の体験」の持つ意味にたどり着くために、私を助け、案内してくれたのは、これまでに出会った生徒たちであり、同僚たちであり、私の実践を支えてきてくれた多くの人々である。「本物の体験」の意味は、全て自分が行ってきた実践の中にあると私に気づかせ、「目的と手段」「部分と全体」を意識することを教えてくれた恩師の存在も大きい。省察することで浮かび上がった「本物の体験」の意味を捉え直し、私はこの言葉と改めて出会い直すことができた。

私は大通高校に着任したばかりの頃、ビジネスや社会の実際を教育現場に取り入れること、多くの学習プログラムをつくり上げていくことに夢中だった。この頃私が目指していた教育は、社会で生きていくために問題や課題を解決していく力を身につける学習であった。そのために「本物の体験」は必要だった。「本物」とはビジネスや社会の実際であり、「体験」とは学校外の専門家と触れ合いながら学ぶことであった。しかし、生徒たちの姿から浮かび上がった「本物の体験」の持つ意味はもっと深く、尊いものであった。それは、他者への信頼と自己効力感を高めること、自分のことを知りながら他者を知ることができること、他者を知ることで自分を知ることができる学びである。生徒たちは、人とつながり、生きること、生きていく力を身につけていった。この力を身につけることで、人と人との関係をつくるだけでなく、両者の関係を質的に高め、地域貢献人材が育成されることを実感したのである。

おわりに

この先どのような教師が求められるのだろうか。はっきりと言えることは、教師がなんでも知っていて、子どもたちの疑問に全て答えることなど不可能であるということだ。社会は複雑で予測がつかない。この時代に教師として生きるには、これまでもそうであったように、「本物の体験」を教育に取り入れていくことが必要と考える。

ただし、この「本物の体験」の持つ意味は、時代と共に変化し続けるだろう。何が「本物」なのかに常に向き合い続けなければならない。何が「本物」なのかを見極め、確認するには、一人ではなく複数人、同じ職種、立場、世代の複数人ではなく、多様な人々の力が必要になる。つまり、これまでの実践同様、他者との関係の構築が必要なのである。

現在、私自身は教育行政職員である。新たな景色を眺めながら自分に何ができるか、何をすべきかを考え行動している。

学校に居る子どもたちや教師たちの声に耳を傾けられる人間でありたい。子どもたちの声に耳を傾ける大人を学校に引きつける役割を担いたい。

子どもの学習活動を中心として、大人と子どもがともに学び合うことができる場をつくり、子どもたちに必要な「本物の体験」を創り出せる人間でありたい。現時点での私の到達点である。

この文章は、福井大学大学院・奈良女子大学・岐阜聖徳大学連合教職開発研究科『学校改革実践研究報告 No.382』「『本物の体験』を創り出す教師となるために 私の中にある『北極星』を探し求めて」西野功泰（2020）をもとに再構成したものである。

にしの・よしやす　札幌市教育委員会学校教育部教育推進課指導主事。2006年北海道立高校教員採用。2009年札幌市立高校教員採用。2019年福井大学連合教職大学院卒業、2021年4月より現職。その他、教育や地域に関わる様々な企画に多数携わる。

予備校講師をして得た知見の共有

小倉悠司
河合塾、N予備校 数学講師

1. 授業ができることは当たり前ではない

私は、大学生の時は塾で、大学院の時や社会人になって間もないころは高校で、その後、予備校で働いてきました。大学生の時に塾で働いたのがきっかけで、数学を教えるという仕事に興味を持ち、現在も数学を教えています。

さて、これはある予備校で働きはじめた1年目か2年目のことです。私が担当したある講座の受講者が一人でした。予備校というのは、同じ講座が複数あり、生徒も好きな先生を選べます（曜日や時間帯の関係で、好きな先生を選べないこともあります）。スタッフの方は一生懸命集めてくださったと思いますが、私自身が未熟だったゆえに、生徒が集まりませんでした。大学のときに働いていた塾、そして高校では目の前に生徒が一定数いるのが当たり前だったので、一人しか受講者がいないというのは衝撃でした。

「目の前に生徒がいて授業ができることは当たり前ではない」

ということを実感しました。幸いその生徒は非常に熱心で、授業自体は楽しくできました（現在その生徒は、高校の数学の先生として活躍しています）。その生徒が休んだときは、出席者が0人なので休講です。授業がしたくてもできない、なんとも言えない気持ちになりました（その生徒自身は真面目に通ってくれたのですが、生徒自身が外せない用事がありどうしても休まなければいけない状況がありました）。しかし、一人に対して一斉授業をするという経験があったからこそ、生徒にもより感謝の気持ちがもて、100人に対して授業をするときも、100人に授業をするという姿勢ではなく、

（一人一人に授業をする）×100

という姿勢で授業に臨めています。今はあの時の経験があったからこそ、今の授業ができていると思えるのですが、当時はくやしい（という表現が適切かどうかわかりませんが）想いをしたことを今でも鮮明に覚えています。

学校であれ、塾・予備校であれ、もちろん教育の仕事以外でもうまくいかな

いこともあると思います。しかし、そのうまくいかない経験は、必ず将来のあなたの役に立ちます。うまくいかないことで辛い思いをするときもあると思いますが、自身で解決策を考えたり、周りの先生に相談したりして乗り越えていきましょう。今はSNSがあるので、SNSで同じ境遇の先生と悩みを分かち合ったりするのもよいかもしれません。

教育を少しでも良くしていこうとする同志として、これからも力を合わせ、共に成長していきましょう！　皆様、これからもご指導よろしくお願いいたします！

2. 様々な授業形式でそれぞれ気をつけていること

私は、対面の生授業、録画タイプの映像授業、生配信のオンライン授業、生徒同士で話し合いながら進めていくタイプの授業など様々なタイプの授業を行っています。一つ一つの授業の内容も徹底的にこだわっているのですが、今回は大人数の授業とオンライン授業において、内容以外で気をつけていることを書かせて頂きます。

まず、どの授業においても大切なのは、

「生徒の方を向いて前を向いて話す」

ということだと思っています。当たり前だと思う人も多いかもしれませんが、授業の準備に不安があったり、自信がなかったり、生徒のためというよりも自分がどう見られているかなどが気になっていると、意外と前を向いて話すことができません。しっかりと準備をし、自信をもって生徒のために、そして何よりも自分自身が生徒と共に楽しんで授業をすれば、自然と生徒の方を向いて話すことができます。準備不足などで、自分自身が楽しめなかったときは、生徒の方を向く時間がいつもよりも少なくなってしまっているように思います。

100人を超える対面の大人数授業について

100人を超えるような場合は、生徒と会話をするといっても限られた人数になってしまうので、講義型になることが多いです（生徒同士で話し合いの時間を入れるなどを行うことはあります）。ですので、とくに気をつけているのは「表情」です。対話は、会話だけではなく、表情などでもできると思います。生徒の表情を見ながら説明を変えたりすることも大切ですが、先生側の表情も大切だと思っています。楽しいことは楽しそうな表情で話すことで、より楽しさが伝わります。

オンライン授業

オンライン授業は表情が見えない（または見にくい）というデメリットがありますが、コメントやチャットなどは活発になるというメリットもあります。個人的には、対面の生授業よりも意見が活発に出るように思います。講義型の授業をしてしまうと、対面授業よりも生徒の集中力を保つことが難しいので、生徒からの意見を引き出し、一緒に授業を作り上げることを特に意識しています。そのために気をつけているのは、発問です。数学に対して苦手意識をもっている生徒が多い場合は、「はい、いいえ」で答えられるような答えやすい問いでもよいと思いますし、得意な生徒が多いのであれば、思考して自分の意見を文章で答えるようなものでもよいと思います。問いかけを多くして一緒に授業を作り上げることを意識しています。

3.　縦の対話、横の対話

コロナウイルスが広がる前は、予備校での授業は講義が中心ではありましたが、他者との意見交換や、他者に説明する時間を作るなども行っていました（他者との対話を「横の対話」と呼ぶことにします）。しかし、コロナウイルスの拡大によって、横の対話はできない状況になりました。そんな中、意識したことは生徒の自分自身との対話です。講義というと基本的には講師の話を「聞く」ものであり、「対話」はできないイメージがあるかもしれませんが、自分自身との対話（「縦の対話」と呼ぶことにします）はできます。例えば、余弦定理と正弦定理を学習した後に、「余弦定理、正弦定理はどのような状況で使うのかな？」など、生徒に縦の対話が起こりやすいような言葉を投げかけることを意識しました。横の対話は、自分自身の中にない考え方を聞けるメリットがありますが、縦の対話は「深める」ことに有効だと思っています（横の対話は、講師もその役割を担っていますが、講師よりも友達が言ったことの方が印象に残っていたりするので、そのような時間を作っていました）。

4.　理解と暗記

数学における「理解VS暗記」についての私の見解を書かせて頂きます。

そのために「理解」と「暗記」をきちんと定義しておく必要があります。私は「理解」は「どのように解くか（How）」と「なぜそのように解くか（Why）」が言語化できることと定義しています。例えば、2次不等式を解く場合においては、

How：グラフを用いて解く　Why：正、負の判断がしやすい

などです。HowとWhyの言語化ができていない状態を「暗記」と私は定義しています。実は、「暗記」でもある程度まで成績は上がります。全国規模の模試においては、私が分析したところ、大まかに

(1) 教科書レベル　(2) 問題集などによく載っている　(3) オリジナル

のような作りになっていて、「暗記」だけでも (2) までは解けるようになっています。しかし、(3) のオリジナルの問題は「暗記」だけでは対応できません。「HowとWhy」がしっかり言語化できている状態でないと正解にたどりつくことは困難です。「暗記」から入ることが悪いことだとは思っていませんが、もし数学をより伸ばしたい、より楽しみたいのであれば「理解」型の学習をすることが大切だと確信しています。このあたりはぜひ皆さんのご意見も聞いてみたいです。

5.　これからについて

今回『シリーズ 学びとビーイング』の第1巻を読み、日本には教育について熱い想いを持っている方々がこんなにもいるんだ、と改めて感じました。ありがたいことに、私は多くの塾・予備校・学校の先生と関わりを持てています。今回の執筆は、お世話になっている先生からのご依頼だったということもありますが、塾・予備校と学校の交流が今まで以上に深まり、お互いに足りない部分を補いながら、手を取り合って生徒達をサポートしていけるきっかけになって欲しいという想いで引き受けさせて頂きました。「予備校」で得た知見を共有することで、少しでも皆様のお役に立てることを願っております。

コロナ以降は開催できていませんが、私は「授業力向上の会」というイベントを開催するなど、塾・予備校の先生、学校の先生、教育に関係する企業の皆さんが交流できる場などを提供してきました。この寄稿が、塾・予備校、学校、教育に関係する企業など、教育に関わるすべての人が楽しみながら成長し、手を取り合って生徒達をサポートしていけるちょっとしたきっかけになることを願っています。

おぐら・ゆうじ　河合塾、N予備校数学講師。株式会社リミジスタ代表取締役。参考書作家。数学の楽しさを広めていきたいと思っています。Twitter、facebook、instagramなどのSNSでよろしければつながってください。

講義から問いかけへ、解答から回答へ

芦野恒輔

ベネッセ教育総合研究所 教育イノベーションセンター 主任研究員
ベネッセコーポレーション 経営企画推進本部 高大接続変革推進課 課長

ある高校生が感じた違和感

2022年11月9日、滋賀県のある公立高校に通う生徒から相談を受けた。曰く、「学校で『本校は社会に貢献する人材を育成する』と言われる。でも、私たちが学ぶ目的は学校が決めるものなのでしょうか？」。

コロナ禍以降、教育関係者を中心に「学校の存在意義」「教員の役割」を問い直す議論が増えたように思う。他方で冒頭の高校生のように、自ら学校での学びの意味を問い直す児童生徒も増えているようにも思う。このような中、「授業」そして「授業における教員の役割」はどうあるべきなのだろうか。

変わる授業風景

私は、コロナ禍に伴う全国一斉臨時休校中の2020年4月9日から今日まで、毎週、全国の有志教員とともにオンライン対話を続けてきた。対話には、いつも20～30名の教員を中心に、教育関係者が集う。参加者を中心としたSNSグループには300名以上が登録し、日常的に交流する。それら対話や交流では現場での取り組みや問題意識、現状への違和感などが共有される。一つ一つの言葉には、学校のあり方や望ましい学びが変化していることが滲む。次ページの表は、それらを踏まえて感じる変化をまとめたものだ。

このオンライン対話での繋がりを元に、学校へ視察に行くことも多い。視察した中でも、特に変化を感じた3校の授業の様子を紹介したい。

1校目は、宮城県仙台第三高等学校だ。いわゆる伝統的な地方公立進学校で、令和4年度大学入試では現役生のうち39名が東北大学に合格している。しかし、一般的な進学校とは全く異なる授業風景がそこにはある。例えば授業中に廊下を歩くと、ほぼ全てのクラスでグループディスカッション形式の座席レイアウトになっていることに気づく。授業では、教員は講義をするのではなく、

学びの変化――全国の教員、教育関係者、研究者との対話から見えたもの

「教え、育てる」から「学び、育つ」へ 生徒が試行錯誤し、教員が見取り、フィードバックする そのための時間・体制・仕組みの検討が必要ではないか			
	これまで		これから
学力観の転換	認知能力	→	認知能力＋非認知能力
主体の転換	教員、コンテンツ、ツール	→	生徒
指導観の転換	教員が教え、生徒が復習し、定着	→	生徒が試行錯誤し、教員が見取り、フィードバック
進路観の転換	仕事・大学からの逆算	→	自分自身の体験の延長
学習目的の転換	受験突破	→	将来にわたるWell-being

『生徒の気づきと学びを最大化するプロジェクト』での対話から

問いを投げかける。その問いに、生徒は個人やグループで回答を作る。作られた回答は、ICTツールを用いてクラス内にシェアされる。シェアされたクラスメイトの回答を見て、生徒一人ひとりの気づきが誘発される。もちろん、教員は出てきた回答を用いて、授業を展開していく。化学の授業を見学後、担当の松原啓先生から「毎回の授業の『中核の問いを何にするか』に、もっとも頭を使っています。それによって、生徒が考えることも変わるし、出てくる回答も全く変わるためです」と伺ったことが印象的だ。ちなみに、同校はSSH指定校でもある。前述したような授業を受けた生徒たちは、当然課題研究でも自ら立てた問いに対して積極的に試行錯誤し、学びを進めて成長していく。

２校目は、上野学園中学校・高等学校だ。東京都内の私立校で、多様な背景を持った生徒が集まる。１校目の仙台第三高校に比べれば、いわゆる偏差値的な学力は生徒間で差が大きい。しかし、授業を覗くと大変活気ある姿を見ることができる。例えば数学の授業では、前半は事前課題の理解が遅れている生徒を支援するための教え合い、さらには解法の比べ合いが生徒同士で展開される。この学び合いは全体の学力向上にも貢献しているが、担当教員は「学び合いの一番の狙いは、より良い解法を求めるための深い対話環境を作ることです」と話す。また一部の授業では、事前に担当生徒と教員で授業計画を確認した上で、授業の進行を生徒が行う形式にも挑戦しているというから驚きだ。一方、重要な示唆もある。同校の研究開発部長である藤井亮太朗先生は「入学直後のマインドセットが極めて重要です。例えば、学期の途中から授業スタイルを変えても、生徒は混乱するだけです。本校では、入学直後から『学びは自分たちで作るものであり、教員はその学びを支援する存在』と生徒・教員全員で確認しています」と話す。

3校目は、札幌市立稲穂小学校である。札幌と小樽のほぼ中間にあるこの学校に通う児童たちは、1人1台端末を使いこなし、学びを進めていく。例えば、小3の国語の授業では、場面描写やその描写内での登場人物の行動、そこから読み取れる心情を、共同作業ツールを用いてグループで洗い出していく。小6の社会も同様だ。縄文時代と弥生時代の違いについて、グループでベン図に整理していく。どちらの授業でも、児童たちの回答内容が端末にどんどん表示されていく。教員はそれらを材料にしながら授業を展開していく。同校の菅野光明校長へ、学年・教科を問わずこうした学びが学校に広がった要因を伺うと「最初からハードルを上げず、ちょっとしたチャレンジを教員間でシェアして、少しずつステップアップするようにしたからではないか」と話す。

ここまで、象徴的な3校の様子を記載したが、明らかにこうした授業は全国の学校で増えつつある。それらの授業に共通することは何か。それは児童生徒が「説明を聞く」時間が減る一方、「問いに向かう」「グループで考える」「自分の回答を発信する」「周りの回答を見る」時間が増えている、ということである。

教員の“授業力”はどう変わるのか

では、前項の授業風景が当たり前となった時、“教員の授業力”はどうなるのだろうか。私は ①発問力 ②フィードバック力 ③寛容力が重要になると考える。

①発問力の重要性は、これまでも言われてきたことだ。しかし発問力の中でも今、大切にしたいのは、先述の「授業の中核になる問いを作る力」ではないか。授業の中核になる問いがあるからこそ、授業全体を通じて児童生徒が思考すべきことが明確になる。また中核の問いが明確だからこそ、一つ一つの発問に繋がりが生まれ、理解や気づきが誘発されやすくなると考える。

②フィードバック力は、「40人40通りの回答が出てきた際に扱う力」と言えるだろう。教員による一方的な説明が減り、児童生徒が問いに向かう機会が増えれば、当然授業内で表出する回答数は増える。1人1台端末環境を活かせば、クラス全員の回答を一斉に可視化することも可能だ。そうなった際、それら児童生徒の回答をどう扱い、展開するかは、まさに教員の腕の見せ所。「出てきた回答をその場で教材にして、授業を展開する力」とも言い変えられるこの力は、まさにこれからの教員に求められるものではないだろうか。

③寛容力は、「授業を転換するために必要なマインドセット」だ。教員が問い、児童生徒が回答する形式の授業になればなるほど、“想定外の回答”が出てくることも増える。当然、計画していた予定が狂うことも増える。しかし、“想定外の回答”にも寛容に向き合ってこそ、一人ひとりが自分なりの回答を表現できる。脱・予定調和的授業に繋がるこの寛容力は、今後授業を実践する上でますます重要になると考える。

社会に理解して欲しい教員の専門性とは

ここまで、ありたい学びが変わるから授業が変わる、授業が変わるから教員の授業力が変わると論じてきた。では、その土台となる教員の専門性とは何だろうか。

私は2021年度、神奈川県の聖光学院高等学校で授業運営の手伝いをしていた。その経験は、教員の２つの専門性を意識する機会となった。その専門性とは、１つは「授業を成立させる専門性」、もう１つは「授業で学びが誘発されるよう設計できる専門性」だ。教員免許を持たない私はあくまで担当教員のサポート役であったが、授業を当たり前に成立させ、さらに意図した学びが生まれるよう授業を設計する難しさを痛感した。教員は、学びの進行役であり設計役。当たり前に思われるその役割は、専門性として社会に再認識されて良いように思う。昨今では、学校での教員以外の多様な人材の活用も検討されているが、それは授業を着実に進行し、学びを作る教員の専門性があってこそ活きる施策とも思っている。

『新しい何か』を見出せる“示唆”ある存在でありたい

ある授業を見学した際、次のような振り返りを話す生徒がいた。

「この授業で、自分で考えるだけでなく様々な視点が交流することで、考えてもいなかった気づきが生まれることを実感した。疑問など、『新しい何か』を見出せることは、私は素晴らしいと思う」

翻って自分はどうだろうか。未来ある子ども・若者たちが、『新しい何か』を見出せる関わりができているだろうか？　“指導”や“指示”をする存在ではなく、『新しい何か』を見出せる“示唆”ある存在でありたい。そんな私のありたい姿を記載して、本寄稿を終えたい。

あしの・こうすけ　2009年度ベネッセコーポレーション新卒入社以降、一貫して学校教育の支援に従事。2015年度より探究的な学びの支援を推進。聖光学院中学校・高校 理事補佐（2021）、福井県立大野高校 ICTアドバイザー（2021－）等。

「せんせいのしごと」と授業デザイン

大竹まりな
認定NPO法人Teach For Japan
9期フェロー 小学校講師

認定NPO法人Teach For Japanのフェローとして小学校へ

私は、金融機関で営業を経験した後、現在、認定NPO法人Teach For Japanのフェローシッププログラムを通じて小学校教員として勤務している。26歳・教員歴2年という、人生経験も、小学校教員としての経験も浅い身ではあるが、等身大の言葉を紡ぐことで読者の皆さまに何かを感じ取っていただけるのならこの上なくうれしいことである。

小学1年生の担任をしていたときのこと。小1というと、周りからは、「宇宙人みたいで大変でしょ」とか、「動物園みたいってよく言うよね」という声をいただくことが多いが、実際に担任として子どもたちと接してわかったことは、彼らは立派な人格を備えた一人前の人間であるし、また常識に囚われない好奇心と探究心をもった尊敬すべき学習者でもあるということだった。

「おおたけせんせいってなんのおしごとをしているの?」

これは、私が実際にクラスの子どもから受けた質問である。こんな質問が急に飛んでくるから先生の仕事は面白い。「なんのお仕事をしていると思う?」と問い返すと、「うーん、パソコンかな」とその子は答えた。私は校内でICT教育の推進担当もしているので、その子の目からはそう映ったのかもしれない。一方で、毎日子どもと一緒に授業や遊びを楽しんでいる担任としての私の姿は、「おしごと」には映らなかったのだろうか。この問いから私は先生とは何か、学校とは何かを改めて自問した。

まずは子どもの存在を肯定する場をつくる

学校とは、子どもが成長する場である。子どもの成長を最大限に引き出すためには、まずは、全員が安心してその場にいられることが必要である。教室は、同い年の子ども数十人が生活する場所であり、他者と比較して自尊心が傷ついてしまったり、けんかなどのトラブルにより居心地が悪くなってしまったりすることもある。だからこそ、大切なのは先生が子どもの今の状態をそのまま認める、つまり存在を肯定することだと私は思う。勉強をがんばっているから、きちんと当番をしているから、という条件付きで認められるのではなく、そこにいるだけでいい、誰かと比べなくていい、そう感じさせることで、彼らは安心して教室にいることができ、目の前の学びに集中することができる。

なお、子どもの存在を肯定するにあたっては、「正しい諦め」が必要であると考える。私たち教師は、子どもたちのバックグラウンドを深く知り、表情などをよく観察して、彼らを理解しようと努める。しかし、日々成長、変化を続ける子どもたちを完全に理解することは不可能である。それにもかかわらず、理解できない行動をする子どもがいると、時に叱ったり、受け流したりすることで否定してしまうことがある。完全に理解するということを正しく諦めることで、ありのままの子どもたちを肯定することができるのではないか。

逆算しない授業デザイン

私は小学生のときに囲碁を習っていた。囲碁の盤面は広く、対局パターンは10の360乗以上あるといわれ、宇宙に例えられることもしばしばある。それゆえ、ある程度作戦は立てるものの、最終的な盤面から逆算して緻密な計画を練ることは不可能である。有利に対局を進めるためには、対局中に局面を適切に把握し、臨機応変に対応する力が求められる。

囲碁がそうであるように、授業も最終的な局面をあらかじめ予測しそこから逆算して緻密な計画を立てることは本来できないものなのではないか。授業では教師のねらいに沿わず、そのときの子どもの好奇心の赴くまま様々な意見が出ることは常である。それだけでなく、子どもたち同士で教え合う形をとったときに、教師が一方的に教えるよりも理解が深まっていると感じることもある。また、小学校では、子どもが鼻血を出したり、虫が入ってきて大騒ぎになったりと、イレギュラーな出来事によって授業が中断することも日常茶飯事である。このような状況を踏まえると、授業をコントロールすることはできない。緻密な計画通りに授業を遂行することは正しく諦め、授業中に彼らが考えていること、感じていることに真摯に耳を傾け、臨機応変に授業の進め方を再構築し続ける姿勢をもたなければならない。

逆算しない授業デザインをすると、どんな形であっても学びに向き合っている姿勢を認めることができる。例えば、作文の学習に取り組むとき、すぐに言語化することができる児童もいれば、じっくり悩んでしまい、時間内に完成させられない児童もいるだろう。前者だけでなく後者に対しても一生懸命考えているね、とまずは学びに向かっている状態をしっかり肯定する。そのうえで時間がほしい？助けてほしい？と尋ね、自己選択させる。また逆算しない授業デザインによって、学びに向かえていない状態も受け入れることが可能になる。子どもたちは本来、授業を楽しみたいと思っているし、勉強ができるようになりたいと思っている。それなのに学びに向かえていないということは、何か事情があるのである。図画工作科で全く絵を描こうとしないＡさんに対して、絵を描くことについてどう思う？と聞くと、絵を描くことが嫌いであることと、それが幼稚園のときに友達に絵をバカにされた経験があるからであることを明かしてくれた。その際、教師が絵を完成させるというゴールから逆算して、とにかく描かせようとすると、Ａさんの自尊心は傷ついてしまうのではないか。Ａさんの状態を肯定し、見本や友達の絵をまねしてみる、先生に一部を手伝ってもらう、先に完成した友達と一緒に描くなどの選択肢を提示したり、自分から描き始めるまで待ったりするといった行動をとることも必要だろう。教師が叱って無理やり学びに向かうポーズをとらせてしまわず、必要な支援を行いながら時間をかけて学びに向かえるようにすることで、Ａさんの存在を肯定することができる。

このように、逆算しない授業でこそ、子どもの考えをスルーしたり否定したりすることなく、子どもの存在を肯定することができるのではないかと私は考える。そして、授業後に教師の言動の根拠やとりえた別の選択肢を検討することに時間をかけ、今後の引き出しを増やしていく。その積み重ねで、即興性の高い、柔軟な授業デザインが可能になり、彼ら自身が肯定されているという実感をもちながら、子どもたちの学びも最大化していくことができるのではないか。

おわりに

私は前職の金融機関で働く中で、生き生きと働く大人が少ないことに衝撃を受けた。自分の意志に反して働いたり、同僚とのコミュニケーションがうまくいかなかったりすることによって、たくさんの大人が幸せを感じることができていない現実を目の当たりにして、学校では何ができるだろう、人や組織を育てるとはどういうことだろう、ということを日々考えるようになった。

ここで提案した、逆算しないことを念頭に置いた授業づくりをすることで、教師が子どもたち一人ひとりと向き合うことができ、それによって子どもたちが安心して学べる教室にすることができるのではないか。そんな教室で学んだ子どもたちが、自分の存在に自信をもち、幸せを感じられるようになれば良いと思う。そしてそのことが、周囲とより良い関係を築き、生き生きと生活する人が増えていく未来がつくられることにつながっていくことを願っている。

おおたけ・まりな　栃木県生まれ、福岡県在住。金融機関で営業を経験した後、認定 NPO 法人 Teach For Japan フェローとして小学校教員に転職。寛容で笑顔あふれる社会を実現するため、安心感のある対話を通して子どもたちと関わっている。

激動の時代にイキイキ生きるためのキャリア教育

真坂 淳
認定NPO法人・日本学生社会人ネットワーク（JSBN）
代表理事

1. 従来のキャリア教育と、VUCAの時代に求められるキャリア教育

私は外資系金融機関で働きながら、日本の現状に危機感を抱き、日本の若者を応援するため2012年にJSBN（日本学生社会人ネットワーク）を創設した。10年で延べ2万人を超える若者に感動の出会いと学びの場を創出している。

JSBNは、様々な世界で活躍する社会人を中心に運営メンバー20名、サポーター200名超を有し、全国30を超える学校の「公式行事・授業」としてキャリア教育イベントを開催している。官民連携プロジェクト「トビタテ留学JAPAN」の立ち上げに関わり、文部科学省と共催でキャリア教育イベントを開催した実績も有する。経済産業省の「我が国産業の人材力強化に向けた研究会」でゲストスピーカーとして招聘され、また、学研・ベネッセなどと連携し、学校の先生向け・保護者向けのイベントで講演活動も行っている。JSBNはこれまでの活動が評価され、2022年に「特例認定」を取得した。

今は、まさに「激動の時代」である。様々な場面でこれまでの常識が通用しなくなり、今までにないスピードで世の中は変化している。

「従来のキャリア教育」は、将来目標とする「職業から逆算」して、進むべき進路を考えるもの。右肩上がりで経済が成長し、終身雇用・年功序列などにより一生同じ会社で勤め上げる昭和の時代はそれでよかったが、時代は変わった。**VUCAの時代には、変化の時代を生き抜くための、一人一人の羅針盤＝「人生のテーマ」を見つけるためのキャリア教育が求められる。**

2. 「激動の時代」、子供たちは何を目標とすべきか

「高い偏差値の大学に入学・卒業し、有名な会社に入ること」で人生安泰、という時代は終わった。では、子供たちは、何を目標とすればいいのか。

激動の時代には、職業のその先にあるもの＝「人生のテーマ」が重要になってくる。「人生のテーマ」とは即ち、羅針盤であり、判断の座標軸になるものである。激動の時代は変化する。変化するから先が読めない。先が読めないから羅針盤＝「人生のテーマ」が必要になる。

「人生のテーマ」を考えるのは、早い方がいい。「人生のテーマ」を中学・高校時代に考えることは、充実した大学生活を送るための動機付けとして極めて重要である。今の中高生は忙しい。テスト、部活、行事、受験に追われ、「人生のテーマ」について考えることは先送りされてきた。その結果、大学進学後、大学生活をなんとなく過ごし、就職活動になって初めて本格的に自分の人生と向き合う大学生は極めて多い。

では、「人生のテーマ」はどうやって見つけるのか？　「人生のテーマ」は容易に見つかるものではない。但し、多感な時期の若者に対して「あなたの人生のテーマは何ですか？」という問いを立てること自体に意味がある。その問いを立てることで、アンテナが立つ。人生のテーマについて考え始める。JSBNのキャリア教育プログラムは「人生のテーマ」を考えるきっかけになることが多い。

「人生のテーマ」を構成する「3つの要素」は以下の通りである。

1. 将来、どんな人間になりたいか（BE）
2. 人生をかけて成し遂げたいことは何か（DO）
3. どんな社会を作りたいか（VISION）

上記の「人生のテーマ・3要素」を考える際に、**「多様な価値観」に触れることは極めて重要。且つ様々な世界で活躍する（前向きに生きている素敵な）大人に出会うことは極めて有効である。**様々な大人の生き方から学び、いい要素を抜き出し、「自分のテーマ」を作ることができれば素晴らしい。

「人生のテーマ」は、状況に合わせてアップデートすればいいし、「人生のテーマ」が見えていれば、職業は、「人生のテーマ」を成し遂げるための手段でしかなくなる。**心が折れそうになる時にも、心の支えとなってくれる「人生のテーマ」が見えている人は精神的に強く、モチベーションも高い。遠回りのように見えるが、激動の時代にイキイキ生きるための「本質」はここにある。**

「激動の時代に何を目指すべきか」について、答えは一つではないが、敢えて言えば、**「どこに行っても、何が起こっても、イキイキ生きていける人」**であろう。

また、**「激動の時代にイキイキ生きる人」**になるための**要素は次の4つ**である。

1. 人生のテーマ（見えている、または見出そうとしている）
2. 知恵（知識×知識で生み出されるもの）
3. 強さ（身体的な強さ＋精神的な強さ）
4. しなやかさ（変化に対応できる柔軟で前向きな思考）

激動の時代にイキイキと生きていける人を一人でも増やすべく、JSBNの活動をしている。

3. JSBNのキャリア教育が学校の先生から圧倒的に支持される理由

JSBNのキャリア教育プログラムは、学校の事情と先生方の問題意識を伺いながら、カスタムメイドで作っていく。講演会だけの場合もあれば、本格的なキャリア教育イベントを作ることもある。

キャリア教育イベントは、大人が一方的に作るのではなく、**生徒が自主的に自分の学校のためのキャリア教育イベントを一から作る。そのサポートを学校の先生と、JSBNの専属スタッフが行う。あくまでも大人はサポート役である。**プロジェクトチームの生徒の皆さんの問題意識を整理し、イベントのテーマを作り、イベントのコンテンツや、事前課題、ワークシートやアンケートを作ったり、どんなゲストを招待したいのか考え、集客をするための全校生徒・先生方向けのプレゼン、そのためのパンフレット・企画書作り、等々、関係する全てのステークホルダーへの価値提供を視野に入れ、一からイベントを企画し、運営する。イベント後には、その成果を、保護者会・受験説明会などで紹介することもある。そのプロセスは、創造的な「アクティブラーニング」そのものであり、イベント作りを通して、或いはイベントに参加することで、「人生のテーマ」について考え始めるきっかけになることが多い。

このプロセスで、目に見える成長を遂げる生徒は多く、人生の転機になったと生徒から熱いメッセージを貰うことは多い。また、先生からも驚きと感動のメッセージを頂いている（JSBNのホームページご参照）。

JSBNのキャリア教育プログラムで、生徒のモチベーションは格段に向上する。その4つのプロセスは以下の通りである。

1. 世の中を知る
2. 多様な価値観に触れる
3. 自分について知る

4. 将来について、前向きに真剣に考える

多くの中高生は、勉強や部活などの「やらなければならない」ことに時間が占領され、自分の将来について考える時間はほとんどない。加えて、知っている大人は、「親か先生のみ」というのがほとんど。狭い世界の価値観で、将来について考えるのは限界がある。高校生になり、文理選択の時に、将来の職業をイメージして文理選択・進路相談をするが、将来ビジョンが全く見えない状態での進路選択は、真っ暗闇の中で道に迷っているようなものだ。

JSBNのプログラムでは、親でもなく、先生でもない、「イキイキ生きる第三の大人」との出会いと学びを通じて、生徒の人生に大きな刺激と前向きな影響をもたらす。

JSBNのキャリア教育プログラムを通じて、目の前で生徒の顔つきが変わり、感動で泣き出す生徒がいたり、「こんなにも変わるのか」というくらい変化する場面を多く目撃してきた。多くの先生が圧倒的に支持してくださるのは、生徒のモチベーションが上がるからである。

4.　保護者向けのキャリア教育

日本の若者を応援するために、10年間、キャリア教育プログラムを提供してきて感じるのは、**周囲の大人が変わらないと、子供たちは変われない**ということである。JSBNのキャリア教育イベントで刺激を受け、心に灯がともり、新しいことにチャレンジしようとモチベーションが上がる生徒たちも、昭和の価値観の大人たちと接するうちに、元に戻っていくことが多いのは非常に残念なことである。

JSBNでは、過去2年で4回、ベネッセと提携し、保護者向けのキャリア教育イベントを開催し、延べ5000人超の保護者の方々に参加頂いた。事後アンケートのメッセージの中には「変化の時代を生きる子供たちに、昭和の価値観でどうやって指導したらいいか、分からない」、「真坂の講演はとても共感できた。同じ講演を子供の学校でも行って欲しい」というものが非常に多かった。**生徒と先生と保護者が同じ認識に立ち、子供たちの将来について考える土台を作ることはとても重要**なことである。実際にJSBNでは、いくつかの学校からの要望により、保護者向けの講演会も実施し好評を博している。

VUCAの時代にマッチしたJSBNのキャリア教育プログラムにご関心をお持ちの方は、JSBNのホームページから、お問い合わせください。

まさか・あつし　認定NPO法人JSBN代表理事。外資系金融機関・グローバルバンキング本部マネージングディレクター。三井住友銀行出身。シンガポール・ニューヨークで11年勤務。米国公認会計士。JSBNを2012年に創設し、先進的なキャリア教育を展開する。

Education is Empowerment

近藤直美
NPO法人こそだてビレッジ 代表理事
RYOZAN PARK PRESCHOOL 園長

Empowermentとは、よりよい社会を築くために人々が協力し、自分のことは自分の意思で決定しながら生きる力を身につけていこうという考え方。

※小学館デジタル大辞泉より引用

私はなぜ学びの場を作りたいのだろう。それは、自分が何かを教えたいからでも特定の何かを学習してほしいからでもない。ただエンパワーしたいのだ。そういう思いに至るまでと現在の活動をここに共有させていただく。

教える人からきっかけを作る人へ

小学校教諭として５年が経った頃、ありがたいことにアメリカのコミュニティスクールでインターンをする機会を得て、あらためて教育とは何か、学びの場とは何かを考え始めた。帰国した当時は、ある区内の学力テストで最下層の学校に勤務していたこともあって、教える技術を高めること、わからないで困っている子をわかるようにすることももちろん大切だと考えていたが、徐々に「教えるよりも学びの場を作りたい」そして、「子どもと社会・世界をつなぐ人になりたい」と思うようになった。

そうした自分が熱量を注いでいたのは、子どもたちにより多くの大人の姿を見せることだった。高学年を受け持つと、６～８名の異なる職種のゲストティーチャーを同時に迎えて特別授業を行った。導入ではその人たちが何をしているか（doing）から入ることにはなるのだが、小グループでゲストと交流する際に、その職業を通してその人がどうあるか（being）にも触れる機会を作った。子どもたちにとって身近なのは家族、友達、学校の先生たち。普段手の届く範囲のその先にある世界に気づくきっかけを作りたいという思いをこめて指導計画を立てた。

環境を利用して学びの場をデザインする

大学院で異文化コミュニケーションを学び、教職を離れたあと、縁あって英語で保育をするプリスクールの立ち上げに携わることとなった。Play-Based Learning を掲げるこのスクールでは、子どもたちが安心できる環境で、夢中になれる様々な遊びや活動を通して、彼らの生きる世界を存分に楽しんでいる。ここに通う子ども、家族、スタッフの国籍は様々だ。私がそれまでに関わってきた児童たちよりもさらに幼い1～6歳の小さい人々。積極的に保護者も巻き込んで、そんな子どもたちに異なる国、文化、生き方に触れる機会を作っている。

日本語・英語さらにはあまり馴染みのない言語で楽しそうに話す大人たちの姿。子どもたちが食べた昼ごはんのお皿をスクールの中にあるキッチンで夫婦揃って洗ってくれたり、着物姿で生け花を披露してくれたり、趣味のスティールパンをライブ演奏してくれたりする保護者たち。いつも通りの日も、特別な日も色々な先生、お父さん、お母さんを通して見える世界で見つけた種が、いつか子どもたちの中で芽を出すかもしれない。そんな期待をもってスクール運営をしている。

「どうして肌の色が違うの」

プリスクールで働くタンザニア出身の先生やカリブにルーツをもつイギリス出身の先生はこれまで何度もこの質問に向き合ってきた。2歳の後半くらいから生まれるこの疑問に、「世界には色々な肌の人、目の色の人がいるんだよ」というような答えをしてきた。最初に入園してきた子どもたちが大きくなるにつれ、子どもたちにもっと深く考える機会をもってもらいたいと、私を含め先生たちで話し合い、4・5歳のグループと以下のような活動をした。

(1) メラニンが濃ければ光を通しにくくなることを、実際に茶色の濃さの違うフィルターと懐中電灯を使って実験する
(2) 地球儀を見ながら、国の位置によって気候が違うこと、赤道に近いと紫外線から肌を守るメラニンが多くなることを確認する
(3) イギリス出身の先生が、自分のルーツがどこにあるかの紹介をし、肌の色は今住んでいる場所ではなく、自分の祖先がどこで暮らしていたかに関係があることを話す

(4)子どもたちが自分の肌や髪の色に注目して絵の具を混ぜ、それぞれの色を作って自画像を描く
(5)それぞれの絵を飾って、お互いに見る

子どもたちが気になっているトピックをタイムリーに取り上げて活動を作っていけるのは、小さなプリスクールの特権だ。小さなきっかけがあれば、子どもたちのもっと知りたい！という気持ちを育むことができる。それが学びの支えになると考えている。

保護者と一緒に考えるBeing

小さなプリスクールの良さは、保護者との距離も近いことである。子育てについてのあれやこれやを気軽に話せる環境にある。

NPO設立にあたり、私たちが大切にしている価値DEI（多様性：ダイバーシティ、公平性：エクイティ、包括性：インクルージョン）について保護者たちと一緒に考える機会をもち、アンコンシャスバイアスの話になった。

ある保護者はスーパーで欲しいものを買ってもらえなかった息子が泣いていたら「男の子は泣かないのよ」とお年寄りに言われて、「男の子でも泣きますよ」と返事した話をし、また別の保護者は公園で女の子の顔をひっかきそうになった子に対して「女の子なんだから顔はやめて」と言った母親がいて、その場で「いや男の子でもやめて」と言わずにいられなかった話をした。

そこにいた他の保護者にとっては、どちらもハッとする内容だったようだ。自分のあり方が子どもたちの育ちや生き方に大きく影響することにあらためて気づけたという声があがった。子どもたちに関わる大人がエンパワーされることもまた、子どもをエンパワーすることにつながっていくのだ。

Be who you want to be

Elise GravelとMykaell Blaisの“Pink, Blue, and You!” という絵本がある。ジェンダーのステレオタイプについて前向きに話し合うきっかけをくれる内容だ。プリスクールの子どもたちと一緒に読んだこの本の “Be who you want to be: ありたいようにあれ” というメッセージが私の心に大きく刻まれた（直訳だとなりたい人になる、というようにも捉えられるが、著者はbeingとして受け取っているためこの訳にした）。

ジェンダーに限らず、一人ひとりが「ありたいようにある」プリスクールを目指す中、目の前の子どもたちだけでなく、誰もがそうであってほしいと願うようになった。そうなると、それを受け入れる社会を作ることが目標になり、学びのきっかけを提供したい相手は小さな子どもだけではなくなった。

その思いをもって立ち上げたNPO法人では、性別とは無関係に、誰もが夢に向かって自由に生きて働くことができる社会の実現を目指し、ティーン向けの講座をスタートしている。最初の取り組みは、理系と文系どちらに進むかまだ明確でない中学生や高校１年生向けの講座だ。STEM分野（科学、技術、工学、数学）と呼ばれる、理系の第一線で活躍する方々を講師に迎え、複数回にわたり話をしてもらったり、実験をしたりする。参加する生徒たちは最先端で活躍する講師陣の話を熱心に聞き、知らなかったことに驚き、感動し、さらに興味をもつ。始まったばかりのプロジェクトではあるが、これまでの講師陣からは、毎回共通するメッセージが出ている。それは理系に進んだらいいよということではなく、「人に何を言われても、自分が進みたい道を行ってほしい」というものだ。ここでもやはり “Be who you want to be” に通じるメッセージが出されたことに私はとても嬉しくなった。

教職から離れてプリスクールでの５年間の活動を振り返ってみた。あらためて思うのは、プリスクールにしても、ティーン向けの講座にしても、あくまでもきっかけを与えているだけで、その先に学びがあってこそ、その子自身の真の力になるということだ。子どもたちがありたい自分であるために、また、そういう自分を大切にしながら進路を選んで生きていくために必要な学びについては、学校現場のあり方も大きく影響する。こうして執筆しながら新しい目標も見えてきた。それは、学校現場と協働して、Education is Empowerment を体現していくことである。NPO法人だからこそできる働きを模索していきたい。

こんどう・なおみ　小学校の教員として14年勤務後、インターナショナルプリスクールの立ち上げに携わる。後に2022年NPO法人こそだてビレッジを設立し、プリスクールの運営を中心に幼児から大人までの学びを提供している。

「共につくる」が価値を生むために
——風越学園での協働の形

寺中祥吾
軽井沢風越学園義務教育学校 副校長

軽井沢風越学園は幼稚園と義務教育学校からなる、3歳から15歳までの子どもたちが学び暮らす混在校として2020年に開校した。開校時はコロナ禍、オンラインで始まり3年目を迎える。

風越学園では「子どもも大人も、つくり手である」ということを大切にしている。カリキュラムはもちろん、ルールも行事も元々決めていたものはほとんどなく、つくりながら進んできている。そしてこの「つくる」という行為は、ほとんどの場合誰かと一緒に行われる。今回は、長く関心を持ってきた「スタッフ同士の共につくる」ということについて、考えてみたいと思う。

「対話はもういいよー」

信頼しているあるスタッフとのやりとりの中で、彼はこう言った。半分冗談、半分本気？　いやほとんど本気か。

私たちはスタッフ同士のやりとりにたくさんの時間を費やしながら、ここまできたように思う。その言葉のやりとりの中でお互いの価値観や信念が食い違う時、影響力のある人の意見が通ったり、双方少しずつ譲り合って熱量が下がったりすることが少なくない。相手のことを理解したいと願っているが、よって立つのは過去の経験とそこからつくられた信念や価値観になりがちだ。「それで、明日のプロジェクトの時間はＡとＢどちらのプランでいく？」などという具体的な選択の場面で価値観の違いから離れられずに、納得感の伴わない時間切れの意思決定がなされることもある。風越学園では、このような協働が幾重にも折り重なって実践がつくられていく。

もちろん、「対話」が何を指していて、どんな質で行なわれているかということへの問いもまた探究の途上で、まだまだできることがあると感じている。しかし、広く言葉でのやりとりという意味で、対話では越えられないものがあるということについての問題意識は、私の中にも強く存在していることを自覚させられた。

風越学園で「共につくる」ということ

スタッフがつくり手として風越学園での学びに関わっていく時、その協働の量は必然的に増えていく。同時に、風越学園におけるスタッフ同士の協働は、質的にも特徴がある。

スタッフの多くが経験してきた学校	風越学園
・自分の業務は見えていることが多い ・手元の実践（授業や学級経営）は、おおよそ個人の裁量 ・学校運営、カリキュラムの全体設計は特定の誰かが意思決定。それに基づき実行・運用を分業	・変化が大きく、自分の業務も他者の業務も見えにくい ・手元の実践は二人以上での協働設計・協働実践 ・学校運営、カリキュラムの全体設計にも一人ひとりの関与が求められる

2022年8月に行った学園説明会の中で、2022年4月に入職したスタッフの座談会を行った。その中で、あるスタッフがこう語っている。

「今までは切り離された仕事をやればよかったので、個人プレーができたし、これよろしくねって言われて自分で提案することはあったが、みんなで決めることは非常に少なかった。でも、風越ではみんなで一つのことをぐわって決めるから、そこへの関わり方の難しさとか自分の意見の出し方とか、いろんな人の意図があるから、そこはまだ難しい」

このような場での試行錯誤を通して、様々な協働の姿が生まれてきている。

7、8、9年生の「マルエネ（○力エネルギーで発電）」というプロジェクトは「専門性×専門性」の協働と言えそうだ。ミステリーツアーでダムを訪ねることから始め、社会科のスタッフ中心に「日本の電力不足を解消する安定的なエネルギー供給の方法は？」という問いに対して地理的、歴史的、時事的側面からグループで深めていく。その次に、技術家庭科のスタッフを中心に「できる限り速く（効率的に）走る車をつくり、その車のCMをつくる」という課題にグループで取り組む。それぞれの専門性を掛け合わせた協働の形だ。

5、6年生は、学んでほしい概念を中心にしたプロジェクトの設計に取り組んでいる。例えば、理科と図工の学びを中心にした「森の再発見プロジェクト」では、「見方を変えると世界が広がる」という概念を置いた。そうやって概念として見通しを共有することで、関わるスタッフそれぞれの経験や価値観を持ち寄りつつも、子どもたちにどのような体験や学びをしてほしいのかというやりとりに方向性が生まれ、森の写真絵本づくりというアウトプットにつながっていった。

それ以外にも、スタッフの協働が価値や成果につながっている姿やその芽はあちこちに見つけることができる。同時に、このように説明できる協働の形以上に、複雑で説明しにくい協働の「価値や面白さ」と「難しさ」を経験してきているなあ、とも思うのだ。

行為の中の協働（collaboration-in-action）

そんな時、冒頭の「対話はもういいよー」にヒントがあるんじゃないかと思った。協働という視点でいうと、「専門性×専門性」は役割や能力を前提にしていて、「概念による見通しの共有」は事前の共通理解に基づいている。そのように設計段階でできることもある。その上で、子どもたちの関心やプロジェクトの流れについて、もっと生成的に今この場で起こっていることの中で役割が生まれたり、共通理解が進んだり、解釈と意味理解が進んだりしていく道もあるんじゃないか。そして、たどり着いたのは単純で、「そうか、もっと実践しながらたくさん話すといいんだ！」という気づきだった。そうすることで、一人ひとりの価値観や過去の経験のみによって立つのではなく、今この場で起こっていることをもとにやりとりができるのではないかと思ったのだ。

ドナルド・ショーンは『省察的実践とは何か』（2007年，鳳書房）の中で、「私たちの知の形成は、行為のパターンや取り扱う素材に対する触感の中に、暗黙のうちにそれとなく存在している。私たちの知の形成はまさに、行為の〈中（in）〉にあると言って良い」と記述している。そして、ある事態が起こった後にそのことを分析したり解釈・意味付けしたりする「行為についての省察（reflection-on-action）」に対し、ある状況に身を置き解決したり適応したり創造したりするためにそこにある感触を捉えながらそのプロセスを通して考え自分の行為を進化させていく「行為の中の省察（reflection-in-action）」について整理している。

明確な役割のもとに協働することや、事前に目的や学んでほしい概念などの見通しについて共通言語を持つことが協働につながっていくことにも意味がある。しかし、そればかりになると事前に理解したり共有できたりするものにおいてのみ協働が可能になって、言葉になりにくいものが認められづらかったり、まだ言語化に至らない経験が少ない人が後追いするばかりになってしまったりする。行為の〈中（in）〉で協働しながら、子どもたちの学びと同時に協働の仕方をも一回性のあるものとして形づくっていくことができるんじゃないか。そのために、もっともっと実践の中で話してみると生まれるものがあると思ったのだ。

「今このこと気になってるんだよね」「あの子、今どんな体験しているかな？」「今、どんなことを思って声かけたの？」「この後の流れ、こんなふうに変えてみるのどう思う？」。同じ状況を目の前にしたやりとりや行為を通して、よりお互いの信念や価値観への関心が深まったり、事前には言語化し得ない共通理解が進んだり、想像していなかった方法を発見することもあるだろう。その繰り返しを通して、より身体的で生成的な協働の仕方を獲得していける。「ちょっと焦ってきてる……」「さっきあの子が言ってくれた言葉、嬉しかったなあ」などという感情の分かち合いが、スタッフ同士の関係をより深めてくれる。

風越学園ではすでに、日々の実践の中でスタッフ同士よく話をしている。それがより私たちらしい協働につながっていくために、「行為の中の省察（reflection-in-action）」の視点を借りて、行為の中での協働について考えてみた。これは、スタッフとスタッフとの間の協働にとどまらず、子どもと「共につくる」ということとつながっている。ここまで書いたようなことを雑談的に話していると、あるスタッフが「子どもとも一緒ですね。実践の中で子どもに相談したり、今以上に子どもと考えたりしながらつくっていくことにもつながりそう」と話してくれた。そうそう、本当にそう！と嬉しくなる。

そしてどのような「共につくる」においても、私が私自身とつながり、私がどう在るかという眼差しなくしては、より良い協働には近づけない。自分の願いに蓋をすると、必ず他者の願いを評価したくなる。その意味で、より良い協働へ向かう過程には、自分自身への気づきがたくさんあるのだと思う。「自分自身の在り方」と「より良い協働」の探究は相補的なものなのだ。

てらなか・しょうご　1984年、長崎県出身。長崎大学教育学部を卒業後、筑波大学大学院で野外運動を専攻。株式会社プロジェクトアドベンチャージャパンにて教育研修事業に従事。流通経済大学スポーツ健康科学部助教を経て、軽井沢風越学園の開校と同時に参画。

教える・教えられるの構図を離れて
――インタープリターが創る学びの場

仲上美和
環境教育事務所Linoworks 代表

私は「インタープリター」として仕事をしている。自然体験活動や環境教育などの社会教育分野で、体験をつうじて共に学び合う場の企画運営とインタープリター養成を主な生業としている。インタープリターは「インタープリテーション」と呼ばれるコミュニケーション技術を扱う人のこと。「ひとと自然」「ひとと文化」などのテーマと人の間に立ってコミュニケーションを支援する、ガイドやつなぐ役割を担うイメージだ。

私たちインタープリターが活躍し得る現場は多岐にわたるものの、未だ日本では一般的に知られた職業ではないため、インタープリターと名乗らずに活動している方も少なくない。皆さんが遊びに行く公園や公共施設、レジャー施設、観光地、何かのイベントなどで、なんだかすごく楽しいな、居心地いいな、興味をかき立てられた、学びになるなと感じる体験をしている時、もしかしたら、インタープリテーションの心得のあるスタッフたちがその空間やプログラムをデザインしているかもしれない。多くの場合、私たちインタープリターの仕事場は、学校のように学ぼうとする人が来る場所ではなく、遊びやワクワクを求めてくる場所だ。そんな場を、楽しさを損なうことなく、どう学びの場へとデザインするかが私たちの役割でもある。

教師ではない私が、学校の外側とはいえ学びに関わることを選択したきっかけの一つに、高校在学時の苦い経験がある。私は詰め込み型の受験一辺倒の学校の方針に馴染めず、高校を中途退学した。学ぶことが嫌いだったわけではない。むしろ、田舎育ちで限られた世界しか知らなかった私は、学ぶことは世界を広げることだと信じていて、高校や大学に強く憧れていた。

その後思いがけず、海外留学という道に出会えたので、学校嫌いに陥らずに済んだのだが、ずいぶんと時が経った今でも、手放してしまった高校生活を思うと胸がチクリと痛む。学校が、教師が、私たちの関係が、どうあってくれていたら、私は学校というかけがえのない居場所で学び続けられたのだろう、と自問自答する。

また、学校を去ることで、さまざまな事情から学校で学べない人たちが数多く存在することに初めて気づいた。学校に居場所を得て学べる、というのは、当たり前ではない。何かしらの事情や状況で学ぶ場を失ってしまったとしても、学ぶことそのものを諦めないで、その楽しさにいつでも誰もがアクセスできるようになったらいい。社会人として働きだしてからも、いつか教育の場に携われたらいいなという思いが心の片隅にあったように思う。

相互に関わる学びの場

インタープリターも学校の先生と同じように、授業に相当するプログラムを企画デザインし、提供する。授業やプログラムというと、教える役目の先生が前に立って、受け手は自分の知らぬ新しいことを教えてもらう、という構図が思い浮かぶ（そんなに単純なものではないよ、と現場の先生方がおっしゃることは承知のうえで、一般的なイメージとして）。インタープリターの場合も、ガイド役として活躍する方が多いため、みんなの前で専門的なことをわかりやすく教えてくれたり、知らなかったことに気づかせてくれたりといった先生のようなイメージをもたれることが多い。でもインタープリターにとって授業（プログラム）とは、教える側から教わる側へという一方向の関わりではなく、双方向のコミュニケーションが主軸だ。日本の学校で上手に過ごせなかった思い出がちょっとしたコンプレックスだった私は、ステレオタイプな先生と生徒とは異なる学びの関係性を志向するインタープリテーションの考え方に、惹かれてワクワクした。

現在そんな私はインタープリターとして、プログラムデザインをして学びの場を担うことに加え、インタープリターになりたいという方に向けて、研修会でプログラムデザインの実習のサポートもする。その際に何度も浮上してくるキーワードがある。研修参加者に求めることは、翻って、あなたはそれができているのか？と自分に問うことでもあるので、この機会に向き合ってみたい。

先生になろうとしない

インタープリターは先生ではない、と研修会ではよく言う。私たちインタープリターの役割は、教えることではなくて、知識や情報、それらの意味や価値を、体験をつうじて伝え、参加者が自ら気づくのを支援することだから、というのが、一般的な説明だ。私たちは、教える・教えられるという対の構図とは異なる関係を、プログラムの中でデザインしようと努める。教える代わりに、参加者たちが自ら学び、互いに学び合う、能動的な学びが起こるようにプロセスをデザインするとも言えるかもしれない。

そのための一歩は、まず自分からである。教えたくなる癖や欲、教えなければという思い込みを手放す。これが意外と難しい。教えるのも、教わるのも、どちらも気持ちが良くて、つい知識を披露したくなることが私にもある。教わる場では、参加者は無意識に受け身になる。自分の前に立つこの人は、何を言うのだろうと待ち、何かを聞かれたらどう答えると正解かなと考える。私たちはそんな関係に慣れ過ぎてはいないだろうか？

「勉強になりました！と喜ばれたら、プログラムは失敗だったかもと疑え」というのは、恩師の教えだ。特定の分野に詳しいすごい人に見られていただけではないのか？　先生としては褒められたことになるかもしれないが、インタープリターとしては反省しなさい。参加者は知識を得て喜び、いい気持ちになったかもしれないけれど、感情も思考も含めた、心身まるごと動くような能動的な体験の場をデザインできていなかったということなのだから。恩師から受け取ったこの言葉を、何年も経験を積んだ今でもよく思い出す。

楽しいプログラムにも目的は必要

私たちインタープリターが得意とするプログラムのスタイルは、体験型で参加型だ。楽しい！と感じられることが大前提になる。では、楽しければいいよね？と言われたら、違うと言いたい。

授業と同様、インタープリターのプログラムにも必ず“目的”がある。楽しいけれども楽しいだけではない深みのある体験をつうじて、参加者に気づきや学び、変化をもたらしたい。私が取り組む環境教育の本来の目的は環境問題の解決であり、自然や環境への理解と関わり方の変容を促すことであるから、なおさら個々のプログラムにもそれぞれに目的は不可欠だ。筋の通った明確な目的がなければ、学びある体験のデザインをあれこれ工夫することもできない。

伝え手は、学びの場のあり方を決める最も重要な一員である。自分の思いに意識的になり、自分を傍観者や部外者にしないで、自分の持つ意図や感覚を正直に開いていきたい。その伝え手のあり方は、おそらく、同じ場にいる参加者が安心して自分らしく自由に学べるかどうかに大きく影響すると思う。

学びの体験は参加者のもの

目的を明確にせよ、と言いつつ、それに固執するな、というケースも起こる。伝えたい思いが先走っている場合や、外側から成果を期待されている場合などでは、参加者が腑に落ちていないのに、目的に向かって予定調和で終わらせてしまうことが、誰にでも意外とよく起こる。あくまでも目的は伝え手の事前の想定で、参加者側はプログラムという体験を味わっているに過ぎないのに。参加者がどう感じて、何をどの深さまで学ぶかは、実のところ誰にもわからないのだ。想定したゴールとは異なる地点に到達することだって珍しくない。

プログラムの体験をつうじて参加者が感じ、学んだことが全て、というと、伝え手としては無責任にも感じるけれども、自身の思いを大切にするのと同じように、参加者の思いや価値観、感じ方も信頼したい。そして、自身の思いと参加者の実際をどうみるかの感性は、相互性のあるコミュニケーションを取ろうとしているかどうかにかかっている。互いに相手を見て、影響しあい、呼応する。参加者に学んでほしい・変わってほしいと願うのならば、伝え手自身も学んで変わるかもしれないというあり方を受け入れるしかない。

プログラムデザインする立場になって20年ほど経つが、いつも「自分が受け手だったらどう感じるだろう？」と素人のように考える。子どもの私、中学生の私、親の私、旅人の私、教室の中の私……このプログラムは受け手の目線ではどんな体験になるのだろう？と、想像をめぐらす。自分と同じ人間は一人もいないから、想像には限界があるのだけれども。

プログラムデザインというと、作り手・伝え手が上位で、受け手は、そこに参加する受け身の存在とみなされがちだが、伝え手も受け手も、そのプログラムの中で関わり合い共に学ぶ場を創っていく構成員ではないかと思う。たとえば、今も私の中にいる、高校生だった昔の私は、詰め込み教えられなくてはいけない何かが不足した存在として見られたかったわけではない。同じ地平に立って、一人の大人として自分の世界を見せてくれて、影響しあい揺れながら、共に学んでくれる先生を、自分の存在を受け入れてくれる居場所となる学びの場を、今も待っている。その期待に応えられるよう、学びの場のデザインに関わっていきたいと今の私は改めて思う。

なかがみ・みわ　自然教育の専門会社の一員として、全国の自然公園・国立公園ビジターセンターや環境教育施設の運営、プログラム開発、人材育成に携わった後、兵庫県にＵターン。環境教育とインタープリテーションに特化する個人事務所設立。

授業って、ひととおりではないんだね
受けて思うこと、やって気づくこと

「授業づくり」「授業デザイン」とは何かを考える時に、実際に授業を受ける立場の生徒・学生は授業をどう考えているのか探る必要があるのではないか、ということで、現役の大学3年生4人に集まってもらい座談会をした。4人は、2年次に本書編集委員の米元が担当する産業能率大学経営学部初年次ゼミの授業運営を行った学生メンバーである（1年次には米元ゼミのゼミ生だった）。授業を受ける立場とつくる立場の両方を経験した大学生に、これまでどんな授業を受けてきたのか、授業をつくる立場になって何を考えたか、そして授業は何のためにあるのか対話してもらった。

あいの（加藤藍野・東京都公立中高一貫校出身） オープンキャンパススタッフ、ゼミで株について学びビジコンに取り組む

いなむー（稲村大輝・千葉県公立普通科高校出身） 絶賛就職活動中、インターンシップへの参加、TOEICに取り組む

こうたろう（橋本光太郎・東京都私立普通科高校出身） 軽音楽サークル会長、ゼミで消費者心理を専攻

はな（齋藤花菜・神奈川県公立普通科高校出身） オープンキャンパススタッフ、学園祭実行委員会

中高での授業体験を思い出す

はな◆中高の授業は、基礎を学ぶとか最低限の力を身につけるようなものだった気がする。

あいの◆高校の時、家庭科や保健体育でディベートしなかった？　私の学校では、授業で同性婚などの社会的なテーマを扱ってディベートしたことがあった。賛成と反対の2チームに分かれて、皆の前で席について議論して、他の人が聞いていてどっちに共感したか判断してもらって。

いなむー◆確かに高校の時にディベートがあった！

こうたろう◆僕の学校は基本的には座学で、はなが言っていた「基礎中心」というイメージがあったし、教科によっては置いていかれるところは置いていかれたなって感覚があった。

あいの◆私のところは、座学もあったけどお互いに教え合う教科が多くて、日本史の授業で、テストが終わったあとに、答え合わせとかわからなかったところ、できなかったところを教え合う時間を設けていたな。

こうたろう◆そうなんだ！　高校からそれやりたかったな。高校時代は、自分がこんなにモノを知らないんだって知った

イラスト：ゆうさん

期間だった。

いなむー◆僕のところはすごい偏差値教育だったから勉強力みたいなものが身についたかなって思う。勉強も部活もガチでやって、どっちも成果出しましょうって風潮で、校則とかは緩いけど実力主義みたいなところがあったね。大学もほぼ全員が一般入試で受けていて、名の知れた大学に入りましょうって感じ。1〜2年生でほとんどの内容を習って、3年生になったらどの授業も過去問演習みたいな感じで、自分の偏差値を上げるような勉強力が身についたかなって思う。

あいの◆私のところは中高一貫で特殊だったから、中学から入学した子たちが圧倒的に優秀だった。数学は中3で高1の内容を学び終えてしまうので、私たち高校から入った生徒はその1年間を追いつくための期間が高1で、中学から入った子たちと高2から混ざって一緒に勉強していく感じだった。置いていかれる子はバンバン置いていかれちゃってた。でも、どの先生も苦手な教科を無理にやらせることはしなかった気がする。できなかったらしょうがないよね、みたいな。良くも悪くも放任主義だったのかも。

大学の授業でびっくりしたこと

はな◆私は、この大学に入って良かったとしか思わないくらい勉強することが楽しくなったし、もっとやってみよう、学んでみようっていう気持ちが湧いたなあ。産能大でグループワーク・プレゼンテーションしたり意見交換したりする機会があって、作業や情報収集に協働して取り組むことが自分に合っていたし、これが必要なんだなとも思った。

こうたろう◆高校までは答えを教えられている感覚だったけど、大学生になって間違えてもいいから自分の意見を発する機会があって、それを全否定されることはあまりないから、自分の価値観のもとに意見を言っていい環境になっていることが中高と全然違うと思った。グループワークの先に発表やレポート作成があるから、折衷案を見つける力がついたかな。いいとこどりして一つにしようという。

あいの◆大学で、私にできないことがめちゃくちゃあるんだなってことに皆から気づかされたな。私なんかプレゼンもグループワークも全然できなくて、皆の協調力、協調性を見て、これは私にはなかったなって。偏差値で測られていた時は個人戦だったからこういうことに縁がなかったので、色んな人がいて幅があって良かったなって思った。

いなむー◆そうだね。高校の時は偏差値こそがすべてみたいな、偏差値が高いことが美徳だって風潮があって。でも、偏差値だけですべての人間力は測れないよね。その他の生きていく上で大事な能力を考えると、偏差値だけがすべてじゃないんだ、物差しは一つだけじゃないんだってことに気づけた。

はな◆でも、今まで勉強して身につけたことってすごいなあとも思うよ。私、論理的に順序立って話せないことがあるんだけど、これって必要な力だよね。人に何かを伝えるにしても、単なる「コミュ力おばけ」じゃなくて論理的に話せればもっとわかりやすく意見を伝えられる。その人の信頼感にもつながるし。

こうたろう◆そんなことも、大学で協働的に学ぶ機会があるから、人それぞれの違いに気づいてそれでいいって思えるよね。自分にも強みがあると感じたし、相手には相手の強みがあるから一緒にやっちゃおうよ、それぞれ全部活かせばいいじゃんって感じで取り組めた。

はな◆学校にもよるけど、高校までだと同じような人が集まりやすいのかな。大学に入って自分にないものを持っている人と出会うと、あることについてこの人はどう考えているんだろうって意見を聞いてみたくなる。聞いてみると、あー面白いって思うんだよね。考える視点が大学で増えたのかな？

あいの◆大学で環境が大きく変わって、高校の時とは違うタイプの良い友達ができたし、学びに対する自分の意識そのものも変わったな。

いなむー◆視点が増えたって話があったけど、僕も同じ感覚で、物事に対する視野とか興味・関心がすごく拡がったって思っている。偏差値中心で考えていた高校生活から、大学に入って全国各地から色んな学生が集まって、自分が観ていた世界って視野が狭かったって感じたよ。そのおかげで、将来の仕事についても、一つに絞らず他も考えてみようかなって思えて、大学がそのきっかけにもなったな。

あいの◆色んな人と関わることが増えたから、より他人の立場・気持ちになって考えることがすごく増えたよね。だからこそ築けた友好関係とか先生との関係なのかも。

授業をつくる立場になって

はな◆授業を受ける立場から１年生の授業をつくる立場になって、どうやったらその授業が楽しくなるか考えるようになった。もっと学びたいって意欲・モチベーションを引き出せるような内容やグループワークの介入を一番大切にしていたかもしれない。

こうたろう◆僕はその場を「創る」ことをすごく大事にしていて、その場自体が良いと、お互いのことを知られたり自分の意見を言えたり、この環境を皆で創っているっていう実感が生まれるんだよね。あとは、自分たちはたった１学年上という立場で、先生が教えるんじゃなくて１個上が授業している意味を常に考えていたと思う。１年生に近い立場だからこそ、教えるというよりはヒントをつくってあげるようにしていたかな。

あいの◆私は、大学に入って、人によってわからないこととかできないことが共通しているわけじゃないと知ったから、

1年生に質問された時も、その子が知りたいことが本当にそれなのか確認して引き出しながら話すようにしていたよ。一人ひとりに合わせてフォローできるように立ち回りながら、他のメンバーができないことは何だろうって考えて行動していたかな。

いなむー◆僕が一番気をつけていたことは、1年生に必要以上に干渉しすぎないこと。何か教えようと思うと、とにかく皆にわかってもらいたいし勉強をいっぱい教えてあげたいって気持ちがあるから、個人ワークとかグループワークでつい出しゃばろうとしてしまっていたんだよね。でも、よくよく考えてみたら、彼らがこの授業を履修し終わったあと、自分自身で勉強できるようなスキルを身につけてもらうことの方が大事なのかなって思って。だから、基本的には彼ら自身で考えて、もし困って必要になったら声をかけてもらって初めて僕たちが介入するようにしていたよ。

あらためて、授業とは何か

こうたろう◆勉強するための最適ルートを通った方が一番パフォーマンス的には良いのかもしれないけど、人ってそんなに単純なものじゃないし、授業の時間って、効率だけを求めるのではなくて、なぜそうなるのか、その解は本当に正しいのか考えたり他の人とディスカッションしたりして試行錯誤しながら自分の中の最適解を模索する時間なんじゃないかな。

いなむー◆僕は、生徒・学生に何かきっかけや話題をつくる、提供する場なのかなと思う。効率を突き詰めて無駄をなくしていけば、集団授業より個別に自主的に取り組んだ方がきっと効率良いよね。でも、それだと全部自分でやって自分の考えだけで進めてしまうから、視野がすごく狭くなってしまう。授業って、先生が話していることを生徒・学生が聞いてお互いに話し合って……、一見すると無駄な時間にも思えるんだけど、こういう適度な遊び・ゆとりの時間があるから新たなアイデアとかひらめきが出ることもあると思う。

はな◆私もいなむーに近いことを考えていて、授業って、他の人と意見交換したり先生からヒントをもらったりした時に、新しい視点とか気づきを得るための場所だと思う。

あいの◆私は、一つ目は、授業は知らないことを知る・学ぶことだと思っている。人によっては生きていく中で、その授業で学んだことが社会に出た時に必要になるかもしれないし、それについて知っていることで自分が得するかもしれないよね。二つ目は、人格の形成も授業でできることかなって感じる。私は友達から教えてもらって勉強をクリアしてきたところもあるから、そういうことを通して人との接し方やコミュニケーション能力を培うことができる気がする。

2022年12月取材、学年は当時　構成：米元洋次

大学教員と中学校校長を掛け持ちして見えたこと

井上逸兵
慶應義塾大学文学部 教授・慶應義塾中等部 部長（校長職）

テキトーにゆるく生きてきた大学教員が、ある年、思いもよらぬことに付属する中学校の学校長に任命された。中学高校の教育のことなどそれまで考えたこともなかったが、今日までなんとかクビにならずにきた。以下でこの兼務期間にもろもろ感じ考えてきたことを少しお話しさせていただこう。大学教員兼中学校校長という多少レアな立場にあることくらいしかウリはないかもしれないが、どなたかにささやかながらも示唆することがあればと願う。ちなみに、筆者の専門は社会言語学、英語学といったところで、教育をアカデミックに専門としているわけではないという言い訳はまずしておく。

筆者の勤務する学校の制度面から見た特徴

筆者の勤務する大学は慶應義塾大学で、校長職にあるのは慶應義塾中等部である。いささか申しづらいことだが、世間一般に言えば、現在のところ、エリート学校であり、ありがたいことに人気校の一つとされているようだ。「そんな学校の話を一般化するな」という声が聞こえてきそうだが、そのような意図はない。たしかに職場が評判がよいと思える学校であることは教員の「働き心地」のよさの一因かもしれない。誇りをもって仕事ができることは大切なことだし、それは口にはしないが、仕事をするモティベイションになっていることは教員たちの姿からうかがい知れる。しかし、この学校の教員の離職率の低さ、転籍率の低さと仕事の幸福度（筆者の推定）は、そのためだけではないように思う。

この学校には、小学校から大学院まで、複数の学校、複数の学部、研究科がある。高校以下は、「付属校」と呼ばず「一貫校（一貫教育校）」と呼ぶ。それぞれの学校は設立の経緯も異なり、それぞれの独自性、独立性を尊重するがゆえのことばである（もちろん完全には独立してはいない）。大半の生徒たちは慶應義塾内の上の学校に進学し、最終的に大学のどの学部かを選ぶ。制度的な面で言えば、この学校群の特徴の一つは、いわゆる受験がないことだ。正確に言えば、最初に入る学校の受験だけで大学卒業までは入試がない。これはこれら一貫校の教育内容の自由度に大きく影響している。

もちろん文部科学省に認められた学校である以上、完全に自由ということではない。ただ、学校、科目によってはかなりの自由度があり、多くの教員は腕のふるいがいがあるという感覚をもっている。そして、校外の方からも生徒目線で「受験がなくていいね」と言われる。そう言われる時は生徒が遊びほうけているように見える時でだいたい嫌みである。私は大学からこの学校にいるが、私が大学生のころは、一貫校出身の連中は、ほんとうに遊びほうけて大学にあがってきた者も少なくないように見えた。しかし、最近はそうでもない。真面目だし、よく勉強する。しかも受験勉強にどっぷりつからなかったがゆえに生まれていると思われる独特の感性をもった優秀な子もめずらしくない。このような子たちを育てられることも教員にポジティブに作用しているだろう。

「ゆとり」教育が必要なのは教員

慶應義塾一貫校にはそれぞれ紀要（教員が執筆する論集）があり、教員の研究が奨励されている。もちろん全教員が研究論文や研究報告書を書くわけではないが、中には担当教科とは関係のない分野で論文や研究報告書を執筆する者もいる。きちんと調査したわけではないが、おそらくこの学校の教員は他のよく似た学校と比較しても時間的ゆとりがあるということは言えるだろう。これは教員の働き心地に決定的な要因となる。例えば、慶應中等部の学校説明会などで筆者が校長としてアピールすることの一つは教員が時間をかけて生徒と接するということだ。実際、コミュニケーションが多くの学校より濃密だと思う。廊下で教員と生徒が立ち話しているところを横目で見つつ通り、しばらく経って戻ってきたらまだ話していたなどということはよくある。

加えて言うと、ここの教員は、教科ごとの部屋があるにも関わらず、大部屋の教員室に多くがいて、よくおしゃべりをしている。時にはとりとめもないことも楽しそうに話しているが、生徒についても、情報共有がよくなされている。情報共有というと、事務的で冷たい感じがするが、ここの教員たちは生徒たちが大好きでたまらない、というオーラに満ちあふれている。生徒の「やらかした」話をすることもあるが、その話をする姿はうれしそうにネタ出しをしているかのようだ。

このような時間的ゆとりは、もはや誰も口にしてはいけないと思っているのかと思うくらい取り上げられないが、教育現場にはぜったいに必要だ。むしろ生命線だと言ってよい。多くの学校の教員は忙しくて勉強する時間がないということについては、いまや大学レベルでも怪しいところがあると聞く。どんなに優れた教育企画でも、どんなにすばらしいメソッドでも、学校が「ブラック企業」になってしまえば、必ず破綻する。そもそも募集をかけてもいま人が集まらないというのがおそらく多くの学校で悩みの種だろう。このイメージ（実際？）が社会に行き渡りすぎたように思う。

学びの公平性と不揃いの教師たち

一方で、これは一般論だが、学び手の側からすると、インターネットや動画を介した「学びの場」はますます広がっている様相だ。エリアを限定しない通信制の高校の入学希望者も急増している。こういうタイプの学びには利点も多くあり、否定するつもりはまったくない。むしろ可能性が広がっていくことに期待もしている。こういう学びのよい面として、よく理由として挙げられるのは、クオリティの均質化、教育の公平性だ。例えば、クオリティの高いコンテンツを用意しておけば、誰でもインターネットやデジタルコンテンツで、平等にアクセスするチャンスがあるとされる。たしかにそれも重要だ。

教育の公平性の保証についてはいろいろと議論されているが、ここでは少し違う角度から「公平」について考えてみたい。例えば、学校の授業で、あるクラスは厳しい先生が担当し、別のクラスは優しい先生が担当するということがある。また、あるクラスは、大学出たての若い先生が担当し、あるクラスは定年間近のベテランの先生が担当するということもある。このような状況は公平性を欠くという議論はありうると思う。ただ、ここで重要なこととして思いを巡らせたいのは、教育現場はおそらく歴史上ずっとこのように多様で、学ぶ者はそれを介して学び、そして、それだけでなく、教える者も学ぶ側の者から学んで成長しているということだ。教師は人間であるがゆえに多様多彩で、年齢や成長段階がバラバラなのも当然なのである。

教師は生徒、学生によって育てられる。もちろん生徒、学生は教師から学ぶ。しかし、新米教師も不人気教師も善意の努力を重ねながら経験を積むには生徒の存在はなくてはならない。そういう学校の多様な状況を、教師も生徒も（そして保護者も）「ゆとり」をもって包容して全体最適化をとげてきたのが人類社会だということを今一度思い起こすべきだ。言い方は悪いが生徒は常に実験台であり、教師も生徒とともに成長してきた。何を年寄りが古くさいことを言う、とお思いの向きもあるかもしれない。だが、これを許容する「ゆとり」こそがよい学校を生む。あまりに言われなくなってしまったために、これを昨今忘れがちになっているのではないかと思う。筆者の勤務する中学は、ありがたいことにそういうことを思い起こさせてくれる。

もし一握りの優秀な教員が、テクノロジーの進化によって物理的制約を逃れ、仮に等しく誰にでもその指導を授けることができるようになったとしたら、未熟、半熟の教員が成熟する日はやって来ない。不人気な先生が不人気でも価値のある教育を施す「ゆとり」はなくなる。また、逆にたとえどんな教員に教えられようと自分を自ら成長させる生徒、学生の自律した能力は育たない。いまふうに言えば、このような教育はまったくサステナブルではない。文明社会ではそうやって教師は成長し、そうやって教育をつなぎ紡いできたのだ。

慶應義塾には「半学半教」というスローガンがあるが、それとも少し違う。コンテンツベースで、教師も学生から学ぶことがある、ということではない。教師が育つ余地は、社会と学校と生徒が作るということなのだ。「ブラック企業」ではその余地は小さい。そして、「不揃い」を許容する「ゆとり」にも「時間」が必要である。「ブラック企業」で心を病む者が出やすいのは時間を奪われ、不当に効率が求められるからだろう。

そう考えると、多少話が変わるが、大学教員が大学教員、研究者としていられるのは、ひとえに自分の専門に没頭する時間があるからだということに気づく。もちろん、大学教員もいろいろで、切れ者もいれば、筆者のようにそうでないものもいる。ただ、あることがらに関して、一般人より時間を費やしてきたことだけはたしかである。時短の研究者はいない。

つまるところ、時間、ゆとりが話の落とし所になる。問題は、どのように実現するかだ。どの学校も筆者の勤務する学校のようにするというわけにはいかないだろう。また、それに向いていない教師や生徒もいる。結局のところ、テクノロジーを最大限に活用しつつ、いかに教師のよい働き心地を生み出すか、といういささかありきたりな結論になってしまう。ただ、その根底にある時間の意味を今一度考えてみてはいかがだろうか。

筆者が中学校の校長として、ときどき保護者会でする話は、「愛情って、時間なのではないでしょうか」だ。

いのうえ・いっぺい　1961年生。金沢市出身。専門は社会言語学。富山大、信州大など経て、2008年から大学現職。2018年から中学現職。NHK Eテレ「おもてなしの基礎英語」講師。NPO法人地球ことば村理事長。著書に『英語の思考法』(ちくま新書)など。

授業、対面やめるってよ
——医学英語の遠隔授業における当事者の視点から

伊澤宣仁
埼玉医科大学医学部 教養教育（英語）講師

1. はじめに

2019年以降の新型コロナウイルス感染症（COVID-19）の流行により、大学の授業は大きな変化を経験することになった。端的に言えば、感染リスクのない非接触型の遠隔授業へと変容を迫られ、その結果として、多くの大学が情報通信技術（ICT）を用いた授業へと舵を切ったのである。私の所属する大学は複数の関連病院と交流があるため、学生ならびに教員が感染症を媒介することはあってはならず、遠隔授業への転換の要請はいっそう強力なものであった。当時、このような授業の変容が学生ならびに教員に与えた衝撃は大きかったが、怪我の功名のような形で、大学の様々な側面が浮き彫りになったようにも思う。私は本稿において、遠隔授業の長所と短所について現場の声を中心に振り返り、そこから今後の大学の在り方について考察してみたい。

2. COVID-19の感染拡大による授業の変化

2019年から2020年は、COVID-19の感染拡大に伴い、大学の在り方が大きく変わった時期であった。私の周囲では、主に2つの大きな変化が見られた。1つ目の変化としては「授業の遠隔化」が挙げられる。何の前触れも無しに、教員は年度末に授業の遠隔化を指示され、4月から授業をYouTubeでライブ配信することになったのである。私も当事者であったが、学生からのチャットの書き込みに注意しながらICTを駆使して説明や指示を行うというYouTuberのような授業が始まり、毎日が一寸先は闇という状況であったと記憶している。半年後には、講義を事前収録するオンデマンド型の授業とライブ配信型の授業を併用する方針となったが、この軌道修正は、疾患系の講義で投影した画像がAIに有害コンテンツと判定され、その授業の配信が強制終了した事故を受けての対応であった。

また、２つ目の変化としては「教材の電子化」が挙げられる。教材・課題等の管理が全面的に電子媒体に移行したのである。私としては、学生の自律性を信じていたい気持ちを抱くと同時に、課題のコピペ等の安易な不正行為が習慣化してはいけないという思いもあったので、剽窃の意味とペナルティについて定期的に注意喚起するようになった。

このような予期せぬ変化の中で、私を含めた教員は手探りで遠隔授業を運営していったのだが、悪い影響ばかりでもなかった。例えば、当初はICTに不慣れであった教員も、次第にICTに精通していき、オンデマンド講義や電子資料も徐々に洗練されていったように思う。ただ、私自身の率直な心境としては、コペルニクス的転回を彷彿とさせるほどの変化は二度と経験したくはないし、大多数の教員もそうではないかと思う。

3. 医学英語教育の目的と遠隔化の影響

私は主に医学英語を担当している。高等教育機関における英語教育の目的は多岐にわたるが、その１つとして、特定目的の英語（ESP）について習熟を図ることが挙げられる。これは医学分野においても同様であり、私と同僚たちは卒業時までに全員が身につけるべき英語運用能力として、

- 英語で必要な情報を収集できる
- 英語の教科書・論文・データベースを読み、その構成等が理解できる
- 論文の梗概相当の分量のまとまった英文が書ける
- 英語で患者と面接して診察することができる

といった技能を到達目標として掲げ、カリキュラムを調整しつつ、１年生から４年生までの授業を運営してきた。

しかしながら、COVID-19の感染拡大によって、これらの目標を遠隔授業で達成せざるを得なくなり、果たして対面授業と同水準の教育効果を担保できるのだろうか、という懸念が教員に広まった。多くの教員は、このような懸念を拭うことができないまま、遠隔授業に適応していったものと推測する。

4. 遠隔授業に関する現場の声

では、実際の遠隔授業について、学生と教員はどのように感じたのだろうか。医学英語の授業アンケートや授業横断的な会議で出た声を、長所と短所の観点

から一般化してみよう。まず学生である。

（1）学生の挙げたメリット

・講義が収録されることで、不明点をくり返し確認することができる
・既知の内容を復習する場合に変速で見ることができ、時間効率が良い
・対面に比べると、緊張感による疲労が少ない
・通学で時間を浪費せずに済み、学習時間が確保しやすい

（2）学生の挙げたデメリット

・英会話や議論等の双方向の意思疎通がしづらく、沈黙が生じることがある
・同級生の学習態度や知識の習得状況が不透明で、自分と比較できない
・気軽に質問や確認ができず、自分の出席が認識されているか不安になる
・オンデマンド講義の視聴を後回しにしてしまうことがある

以上が大まかな意見である。私なりの解釈を含めてまとめると、学生の学びのスタイルは多様で、自宅での遠隔独習を好む者、大学での対面共同学習を望む者のどちらもいるのが実情である。後者のタイプの中には、学習方略の転換を迫られて学習効率が落ちた者もいる。また、オンデマンド型の講義では視聴を先延ばしする学生が増加する傾向があり、ペースメーカーとしての大学の機能は損なわれる。総じて、遠隔授業は自律的に学習を進めることができる学生にはメリットが大きいが、教室で周囲を観察しながら学ぶ学生にはデメリットの方が勝る印象を受ける。

続いて、教員目線での声を見てみよう。

（3）教員の挙げたメリット

・事前収録により、毎回あれこれと采配を考えるマルチタスクの負担が減る
・もし自分が感染しても、休講にすることを避けることができる
・教材の電子化により、印刷の手間や経費の削減ができる
・出席や提出物の記録が客観的に残るため、トラブルを減らすことができる

（4）教員の挙げたデメリット

・対面での文書共有等と比べてフィードバックが与えづらい
・対面と比べて学生の反応が分かりづらく、説明の調整や雑談がしづらい

・学習面や生活面で問題が生じた学生の把握に遅れが生じる
・監視の目がないため、遠隔では試験や小テストの公平な実施が難しい
・講義とは別に、OSごとの動作や配信状況等を確認する手間が必要になる

全体として、授業の効率化や継続性を好意的に評価する教員が多いが、遠隔化によって生じる新たな負担を懸念する声もある。また、学生の場合と同様に、遠隔授業では相手の反応がつかみづらく、授業の運営に苦心する教員もいる。私も学生の反応が見えない難しさは実感しており、例えばライティングの授業では個人や全体の進捗状況が見えないため、説明や時間の調整に難渋している。より効果的な教育のためには、遠隔でも様子がつかみやすくなる工夫や、収録配信システムの効率化等が必要である。

5. 失われた学びと今後の大学

対面授業をやめるという一報で学内が騒然とする中、私は当初、遠隔授業を洗練していき、対面と同等の学びを提供できるように工夫するつもりでいた。しかし、遠隔授業を実践する中で、徐々に理解したことが2つある。1つは、対面と遠隔は同一線上にはなく、それぞれ独自の強みを持つ別の存在で、適性のある学生も異なるということである。もう1つは、全面的な遠隔教育により失われる学びもある、ということである。特に、他者がどのような態度で学び、どのような点で悩むのか、という情報の喪失は想像以上に大きな影を落としている。私の担当する医学英語論文読解の授業においても、「英文が読めない時、自分の知識不足と内容の難解さのどちらが原因なのか、判断がつかずに困る」というコメントが増えた。学生は自他比較を交えた学習が困難になり、教員は説明の調整が難しくなっている。遠隔授業では、共在する他者を通した学びが失われてしまっている。

したがって、今後の大学にとって重要なことは、まずは仲間との交流を担保する場としての性質を取り戻すことであろう。そのような、伝統的な対面授業が持っていた役割を復権させた上で、今回の大遠隔時代で蓄積された知見を活かすことができれば、大学は対面と遠隔による複層的な専門教育の場として、さらに進化していくように感じる。オンライン型の診療や国際会議が定着しつつある今、対面と遠隔の統合こそが、次世代の教育機関が目指すべき在り方であると私は考える。

いざわ・よしひと　1985年生。慶應義塾大学文学研究科後期博士課程単位取得退学。専門は英語学。慶應義塾高等学校、慶應義塾大学、杏林大学などで非常勤講師を務め、2015年より現職。一般的な英語科目のほか、工業英語や医学英語を中心に担当。

行き当たりバッチリ　ウズベキスタン旅日記

下町壽男
しもまっちハイスクール（共育コンサルタント）

それは唐突にやってきた

「え！　ウズベキスタンで授業？　３週間？　俺が？　一人で？　マジ？」

対話の相手は、岡山県の和気閑谷高校に軸足を置きつつ、執筆、編集、取材、研修講師など多彩な活動をされているポートフォリオワーカー、マヤ姫こと江森真矢子さん。聞けば、大統領のマニフェストの中に、教員の資質向上や学校経営の手法を、先進の日本やフィンランドから学べというものがあり、それにブハラ州カラクル区の教育長がいち早く応え、日本から数学教師を招いて授業や研修を行うことを企画されたのだそう。そのコーディネートに関わったマヤ姫が私を推薦してくださったのだ。不安はあったが、かねてから海外で授業を行うことを夢見ていた私は不安よりも好奇心が勝り、数分後には「やりますやります。何なら自分でお金出してもいいからやります」と速攻で引き受けたのだった。

そんなカンジで唐突に訪れたウズベキスタンの旅を、日記で振り返りつつ、日本の教育にも思いを馳せてみようと思う。

×月△日　ウズに巻き込まれ

15番学校を訪問し授業参観。率直な感想を言うと、「開発主義－注入主義、集団（国家）主義－個人主義」という軸で見れば、ここで展開される授業は、思いっきり注入主義、集団主義的である。だから私はこのタイプの授業を否定する言葉を持っている。しかし、子どもの模範としてベストオブベストの存在たろうとする教師の強いリーダーシップと、それに応える健気で一生懸命な子どもたちによって作られる見事な「場の力」に魂が揺さぶられた。

そして私は、知識の活用だの、共同で答えのない問いに向きあうだの、主体性と多様性だのといった陳腐な言葉を飲み込んだ。もしかしたらこれこそがウズベキスタンの教育の強みなのかもしれないと。

午後、急遽先生方への研修会がセットされ、ICT教育などに関する話をした。最後に質問タイムを設けて切り上げようとしたところ、凄いことに。質問とそれに対するディスカッションが渦を巻いた。まさにウズマキスタン。

「ワールドカフェってスゴイ！　明日の授業に活かそう」「教科指導と人間教育は同時に行うべきか」「一人の迷える生徒にどう対応するか」「主要科目とは何か」「私たちの授業はこれでいいのか」等々。勤務時間などなんのその。目の色を変え、大声で語りあう姿に目を丸くした。そんな渦の中で、私は日本の教育が失ってしまった「Something」を見たような気がした。

○月☆日　計画・約束・時間・恥の概念がない？

「シーツ・オブ・サウンド」という言葉がある。音をびっしりと敷き詰めるようにサックスを吹きまくるジョン・コルトレーンの奏法を指す言葉だ。そして、こちらでの日々もまた「シーツ・オブ・スタディ」だ。スキマなく次々と、しかも突然に授業やら研修が入る。でもこれこそまさにジャズ。行き当たりバッチリ、インプロビゼーション旅の真骨頂だ。

この日は30番学校を訪問。授業は11年生と10年生に行った。11年生は微分の本質を考える内容、10年生は放物線について図形的な視点と関数の視点で眺めるという授業にした。授業後にはたくさんの生徒からサインや写真をせがまれるという嬉しい体験もした。

ウズベキスタンでは一般に、開始時間が遅くなったり、予定が突然変更されてもあまり気にしない。学校にはチャイムがない。私はこちらに来た当初、つねに予定が未定であることに困惑した。どこで何をするかを事前に教えてくれるよう何度もお願いした。でも変わらずの状況の中で、日がたつにつれ、もしかしたら自分の考え方が間違っているのかもしれないと思うようになった。

日本のマネジメントでイメージされるワードは「組織化・計画・約束・時間厳守・マニュアル・管理」等々。ここで少し考えてみる。時間や約束や計画は、それを優先することで、相手をコントロールしようとしたり、自己犠牲によってストレスをため込むことにもつながる。あるいは、組織や世間の「常識」に逃げ込むのは、自分を守ることに汲々とすることであり、本当にやりたいことを覆い隠してしまうのかもしれない。だったら、その場に任せて好きなことを好きなように楽しみ、相手に何を言われても気にせず朗らかでいる方が健康的だ。それこそが幸せな生き方なのかもしれないなどと思う。

○月□日　インセンティブとゼロトレランスの狭間で

午前中は26番学校、午後は9番学校で地区の数学科教員の研修会を行った。楽しい数学のトピックス、現実の事象を数学化した問題、そして数学オリンピックレベルまで、硬軟取り混ぜて網羅したテキストを作り、あとは集まったメンバーの顔色や雰囲気を見て感じるまま、基本的に自分が楽しむというスタンスで臨んだ。こちらでは「間違ったら恥」というメンタリティはない。的外れであってもどんどん発言し、屈託なく笑い、感心すると拍手をする。

ところで、一昨日はブハラ州の教育長を表敬訪問した。彼女によると、ブハラには530の学校があり、32万人の学生が学び、2万8千人もの教師が働いているとのこと。すべての学校にWiFiが配備され、アプリケーションを活用して生徒のポートフォリオを管理するなど、ウズベキスタンで最も教育環境が整っていると胸を張られた。ブハラ州の学校では優秀な成績をあげた生徒や、優れた教育活動を行っている教師に、様々な報酬や海外研修の機会を与えているという。一方それは、各学校の進学率やクレーム数、問題行動の件数など細部にわたって査定を行い、達成度の悪い学校には容赦なく厳しい対応がなされていることと表裏一体である。それは授業において、貢献した生徒へのポイントを随時与え、それをモチベーションにしながら指導を行っていくやり方と相似形であるようにも感じた。そのような中、フィンランドの教育システムを積極的に取り入れようとしていることに興味を覚える。現在のウズベキスタンの、いわば「インセンティブとゼロトレランス」型の教育施策に、フィンランド型教育が掛け合わされれば、どのような化学変化を起こすのだろう。でも私がこちらの教育において一番衝撃を受けたのは、そういった教育システムや教授法ではなく、むしろ「それにもかかわらず」前向きに笑顔で授業を楽しむ子

どもたちと教師たちの姿だ。それがウズベキスタンの教育の一番の宝ではないのかと。その宝がシステムや施策によって奪われることになってはならないと。

○月△日　教育システムの進化はある種の能力を衰退させた？

昨日は17番と33番学校で職員研修と授業。私が授業で留意していることについて簡単にスライドにまとめてでかけた。ところが学校に到着すると、またも停電！　ホワイトボードは油性ペンしかなくてアウト。結局身振りとトークで行った。なんだ、最初からそれでよかったじゃないか。スライドとか黒板とかに頼ろうと考えた段階で、私は本当のコミュニケーションを放棄していたのかもしれないな。そんなことをウズベキスタンにいる間に感じるようになってきた。こちらでは先生も生徒もメモをとるということはあまりしない。でも、彼らは前のめりで授業や対話に参加し、思ったことをどんどん発言する。そして、通訳のミラさんは、私たちがどんなに長いセンテンスで話しても、メモは一切とらず、完璧な通訳をしてくれる。

ちなみに、午後に授業を行った33番学校には260人程の生徒が在籍しているが、校長先生は全生徒の人となりまで把握されていた。それは彼女の記憶力や管理能力が優れているのではなかった。「家族だと思っているから」「家族であれば、全体を見るだけで誰かに何かがあったかはすぐわかる」とのこと。

うーむ。ウズベク人すげえや。まてよ。もしかしたら、これが本来人間に備わっている能力なのかも。ところがノートをきちんととるとか、構造的な板書を提示するとかといった、学校教育におけるパッケージ化、マニュアル化的な管理型の「教え主義・教えすぎ」が、学びの効率性と引き換えに、そういった能力を隠してしまったのかもしれない。

ウズベキスタンでの3週間は、日本の教育の課題を見つめる旅でもあった。

しもまち・ひさお　数学科教師・共育コンサル。花巻北高校校長退職後、現在は盛岡白百合学園に軸足を置きつつ、依頼に応じ幅広い内容で講演や出前講座などを行うとともに「しもまっちハイスクール」を立ち上げ、Webコンテンツの開発・発信に努める。

学びとビーイング　編集委員座談会

授業づくり、授業デザインとはなんだろう

「授業デザイン」。それは単なる「指導案」ではないし、まして「進行計画」ではない、もっと大きな方向性であり、「あり方」つまりは「ビーイング」ではないか——。編集委員たちが、迷路にくねくねとはまりながらも自らの体験、そして授業への思いをとことん語ってみた！

■編集委員（学びーイングサポーター）

河口竜行
和洋国府台女子中学校高等学校 教諭（国語）

木村 剛
静岡雙葉中学校・高等学校 教諭（理科・生物）

法貴孝哲
清真学園高等学校・中学校 教諭（数学）

皆川雅樹
産業能率大学経営学部 准教授
元私立高校教諭（地理歴史・日本史）

米元洋次
産業能率大学経営学部 講師
合同会社 Active Learners 共同代表
元私立高校教諭（英語）

司会：**安 修平**（りょうゆう出版）
記事構成：**本郷明美**

まずは授業とは?

安◆今回のテーマは「授業デザイン」。まず、授業という言葉ですぐに思いつくことを、お聞きしたいと思います。

法貴◆僕の授業のスタート地点は、大学１年生の時に受けたドイツ語の授業です。ドイツ語の先生がよく「サバイバルをしなさい」という話をしていました。「サバイバル」とはどういうことか。先生は、「自分が今持っている知識の範囲内で、今の状況をどうくぐりぬければいいか」という意図で授業をされていたんですね。今回皆さんに見ていただいた授業（126ページ参照）の副題も、「Survival & Growth」。生徒たちには、「サバイバルとは現状をよりよくすること、やり抜くこと、生き抜くことで、それによって成長していこう」と話しています。

米元◆私はずっと２種類の意味で「授業の外」を考えています。「外」とは、まずシンプルに授業時間「外」です。その授業が終わった後、次の授業が始まるまでの間に彼らがどういうことをするか。どういうことを学ぶか。２つ目は、その授業の期間、１年間なら１年間が終わった後、どんなことを身に付けたか、どん

なスキルが向上したかを意識します。

皆川◆ここ10年ほど、いわゆる「アクティブラーニング」を意識して授業を作ってきました。その際、考えていることが2つあります。1つは、学生がその授業を休んだ時に、次の授業に行きづらくしたくないということ。次の授業に出ても「いつも通り授業が展開している」という状況を作りたい。

2つ目は「意味ある場」にできているか、です。授業自体に意味があるかどうか、いつもここに立ち返ります。

河口◆今回「授業」というテーマをいただき、教員になった当時から今を振り返ってみました。変わらないのは「コンテンツを流し込むだけの授業」、つまり自分が受けてきた多くの授業のようにはしたくない、という点です。私は「本や教科書の内容を、先生がただ黒板に書くことに何の意味もない」と教員になったばかりの頃から確信していました。国語というのは言葉を通して、作者、あるいは友人や先生と対話をする科目です。私は、授業が「対話ができる時間帯」になってくれればいいと考えています。

木村◆以前、東京大学で授業デザインの講義を受けました。高等教育が中心だったので主に「コンテンツをどうデリバリーするか」という話でした。私自身は2年間中学生を教えてみて、「授業とはデリバリーだけではない」と確信しています。彼女たちに身に付けてほしい力を育てるため、臨機応変に授業を進めていこうと思っています。10年ほど前、授業に行き詰まっていた時に「アクティブラーニング」に出会いました。今は、生徒たちとの関係づくりがうまくいけば、授業はうまくいくんじゃないかと思っています。

そもそも、授業デザインって何?

安◆「授業デザイン」というと、授業の進行などをきっちり作るというイメージでしたが、皆さんに伺うと、もっと広くとらえているようです。ただ、もちろん作り込む部分もあるわけですよね。その部分はどう考えるのでしょうか。

法貴◆僕は、生徒側だった頃、理科と社会の授業で何かが「わかった」という記憶は一切ないんですね。なぜかといえばずっと先生がしゃべっていて、出てくる単語に「どういう意味なんだろう」と引っかかると、あとはそればかり考えてしまうから。では、何が一番頭に残ってい

デザインをきっちり作りすぎてもあまり意味はない。ただ、きっちり作ることによって自分は実際何をしたいのか、はっきりするんです

ほうき・たかあき
清真学園高等学校・中学校教諭（数学）。東京書籍高校数学教科書編集委員

大きな方向性、マインドの部分が大事じゃないかと思うんです。すると結局「デザイン」と言っていますが、「ビーイング」の話だなと感じます

よねもと・ようじ

産業能率大学経営学部講師。合同会社 Active Learners 共同代表。元専修大学附属高校教諭（英語）。

るかといえば、やはり自分で「何でだろう」と思って調べたことですよね。ですから、生徒たちは今どういったことが好きなのか、どんなことに興味があるのかと、まず生徒にフォーカスをあてて、「この子たちが楽しくこの内容を学ぶためには」と考えて授業を作っています。

安◆生徒という、「受ける側」を中心にデザインされてないとダメなんですね。

皆川◆授業のデザインでは、中間的なゴールは設定しておかねばならないと思っています。授業者としてその授業を設定し、どういうところまで行きついて、どういう力をつけるのか、というところです。その設定に対して、どれだけ目の前の人に合わせてどれだけ創意工夫があるかどうか――。その工夫の部分がデザインかと思います。ただ闇雲に工夫するのではなく、何かしら目的、目標を持って工夫していくこと、それが授業を作っていく前提となるのではないでしょうか。

河口さんはどうですか？

河口◆授業のデザインというのは、科目によって違うし相手によっても違いますよね。国語で言うと、教科書の文章を進んで読みたいと思う生徒はゼロの前提です。そこから「読みたい」と思ってもらうために、デザインがある。いかに多くの生徒を、「次は何が出てくるんだ？じゃあ読もう」というところまで持っていくかが大事です。ただ、授業は単発ではなく連続ドラマみたいなものなので、1学期、1年かけてもいいんです。連ドラですから、いいところで「つづく」とした方が、次の食いつきがいい（笑）。つながりも含めてのデザインですよね。

皆川◆それは仕掛けとは違うんですか。

河口◆仕掛けですよね。仕掛けが失敗したら、生徒は「いやだな」となっちゃう。入りの部分でどんなことをやるかなど、授業自体の仕掛けはすごく大事ですよね。デザインという意味では2つあると思っています。1つは、最初にどんな話を導入に持っていくか、途中はどうするかなど、その授業の「コマ」としてのデザインです。2つ目は、1年間、あるいは3年、6年間のデザインです。その期間で、生徒が、「こう思います」「みんなはどう思う？」といった自由なやり取りに参加できるようになること。まさにこの前見学した法貴さんの生徒さんたちは、完全にそうですよね。

安◆デザインには仕掛け的な部分がありますが、一方、状況に合わせて自分を変えて臨むこともデザインなのかなと思います。いかがでしょう。

皆川◆その点で米元さんに伺いたい。米元さんは産能大で英語の授業をしていますが、複数の教員が担当する共通のプログラムがありますよね。プログラム化された中での「デザイン」はどう考えるんでしょうか。

米元◆講義資料、レクチャー用の資料などは共通のものがあります。さらに「学生のアウトプットの場面をしっかり作り、一人一人の様子をよく見ましょう」という指針がある。ただ、具体的なイメージが湧かない先生もいるかもしれないと、授業開始時に簡単なタイムテーブルを共有したんです。具体的な意味での「授業デザイン」でしょうか。けれど、結局そのとおりにする先生はいません。目の前の学生が違うし、先生方の伝え方、スタンスも違いますから。つまり方向性はあるけれど、具体的にどういう段取りで進めていくかは自由です。固めすぎてしまうと不自由になり、授業の効果が落ちてしまうんじゃないかという懸念もあると思います。

皆川◆基本はプログラム化されていたとしても、状況や相手によって構成、アプローチの仕方、仕掛けの作り方が変わってくるわけですよね。

米元◆おっしゃるとおりで、授業の段取りについて「階段を登っていきましょう」という大きな方向性は示すんです。でも「どういう階段の登り方をするか」というのは教員によって違うし、学生によって違うのが当然です。ただ、大きな方向性、階段の登り方を意識することはとても大切ですし、マインドの部分が大事じゃないかと思うんです。すると、結局「デザイン」と言っていますが、「ビーイング」の話だなと感じました。

安◆それは、この本の特別寄稿の原稿を読んでいても感じました。多くの原稿が、段取りや仕掛け以前に、授業者のあり方みたいなものから始まっている。またはその教科の本質は何か、というところからスタートしています。

米元◆「デザイン」や「逆算して考える」といった言葉を、どういうイメージでとらえているかがそれぞれ違いますよね。先生方によって解像度というか、見え方がそれぞれあるんだなと感じました。

　着地点があって、なるべく多くの生徒や学生がそこにたどり着けるようにする、脇道に逸れたら戻して……というの

どれだけ目の前の人に合わせて、どれだけ創意工夫があるかどうか——。その工夫の部分がデザインかと思います

みながわ・まさき
産業能率大学経営学部准教授。博士（歴史学）。元専修大学附属高校教諭（日本史）。

がデザインではないですよね。デザインとは、もう少し広い視点で、いわゆる「あり方」に働きかけるもの、大きな方向性のことじゃないか。そして、そこへ向かって逆算しているのかなと思います。

安◆今、米元さんのおっしゃったことは、すごく面白い。デザインや逆算という同じ言葉を使った時にも、捉え方が違うかもしれないということですね。

米元◆寄稿された先生によっては、「逆算しないこと」「デザインしないデザイン」という書き方をされていて、非常に共感できる。だからこそ、「デザイン」という言葉に対する認識の仕方、「デザイン」という言葉が何を指しているかということを整理できると思いました。

法貴◆「しない」と「できない」の違いは大きいですよね。あえて「しない」。できないわけではないんです。だから「きっちりとしたもの」、料理でいうとフランス料理のフルコースを作れと言われたらできるんだけど、実際は大衆食堂でオーダーされた料理を一つ一つ出していくという感覚が必要だなと思います。

きっちり作りすぎても授業の中ではあまり意味はない。ただ、きっちり作ることによって「自分は実際に何をしたいのか」ということがはっきりするんです。そこがわかれば、緩やかなフレームだけをしっかり持って授業の場に挑める。すると一つ一つのリクエストにも応えていける。皆さんの原稿を読んで、そのさじ加減を、それぞれの先生方がそれぞれのところでしているのだと思いました。

個別最適化と協働的な学び

木村◆今、個別最適化が盛んに言われていますよね。その中で授業のあり方をどう考えるのか。私自身は難しさを感じます。自由進度学習など我々が受けたことのない形で、ICTを活用するというフェーズに入っている。それをどう解釈するのか、その辺が悩みの種です。

例えば高校では、出口のところで、「この大学に行くからこういう問題を解かなくちゃいけない」という考え方が存在してきた。それが次第になくなってきた時に、個別最適とは何なのか。いわゆる、知識伝達型ではない授業がどうあるのかを問われているというか。我々が新しく作り出していく、楽しさと苦しさがあるなと思ってます。さらに、個別最適化と、もう一つ協働的な学びも大切だと言われる。一方で習熟度別授業はうまくいかな

協働的に学んでいても、同時に個別最適であり得ると思います。だって、一人一人の脳みそは違う動きをしているし、聞こえてくる音は別ですよね

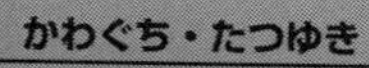
かわぐち・たつゆき
和洋国府台女子中学校高等学校教諭（国語）。産業能率大学兼任講師・キャリア教育 NPO “JSBN” 運営メンバー。

いという学術的なデータもあります。個別最適かつ協働的な学びのあり方をどういう風に作っていくのかっていうのが、一番鍵になってくると思っています。

河口◆協働的に学んでいても、同時に個別最適であり得ると思いますよ。だって一人一人の脳みそは違う動きをしているし、聞こえてくる音は別ですよね。極端な話、教師が一斉に授業していても、聞いてる側は同じようには聞いてない。ただ、生徒に自由な発想を促すことができさえすればいいんです。

安◆今の河口さんのお話は、教える人が「個別最適化させる」のではなく、受ける生徒側が自分自身で「個別最適化して受ける」というイメージでしょうか。

河口◆そうですね。主体は受ける側ですから。ただ、授業をする側は、生徒が自ら個別最適化できるように授業をデザインしていくということです。

法貴◆生徒自身の本当のところは、結局その子にしかわからないですよね。だから教員が「この子にはこれ、あの子はこう」とやってしまうと、それは全然最適にはなっていないと思います。

皆川◆協働性の話を少ししたいんですが。個人的には協働性って、仕掛けないとできないのではないかと思っています。先日、法貴さんの授業を見た時、中学校と高校で授業のやり方を変えるという話をしていました。中学では、生徒たちが個別に問題を解き、さらに協働的に取り組むような仕掛けを教師側が作るという段階ですね。高校になると、生徒たちはそういう仕掛けも理解して関係性もできているから、自然と自分たちなりに協働していくという状況になる。また、問題自体が難しくなっているので、ある程度お互いに関わらないとできない状況もあると思うんです。法貴さん、どうですか。

法貴◆中学生には、グループや、隣の人と話し合うペアワークの時間を作ったり、丁寧にやっています。まずやってみて、生徒たちが自分たちにとって「得だ」と思ったら、そこから先は促さなくても自分たちでできるようになっていきます。

　個別最適と協働とのつながりでいえば、例えば教科書を一読するだけでも、どこに疑問を持つか、どこがわからないかは一人一人違いますよね。疑問やわからない点などを一人一人が出し合うだけでも協働的な学びだと思うんです。それぞれが、「あ、そういう見方もあったんだ」という学びを獲得できる。個々に思ったことをみんなで共有するということで、「個別の最適」と「協働」がともに形成されてるのかなと僕は思ってます。

山登りか川下りか

木村◆私がモヤつくのは、「同じ山を登るけれどルートを変えましょう」という個別最適化なのか、「登る山も変えましょう」という話なのかという点なんです。

皆川◆それは、山登りに例えなくちゃダメなんですか。川下りじゃダメですか？

木村◆川下り！　下る川は一緒なの？

皆川◆学校というレールにいれば、下る川は同じだと思うんですよ。舟に乗っているとして、どこで降りるのか、降りて歩くのか、下って海まで行くのか。生徒は、それぞれ決められると思うんです。山登りだとどうしても「頂上」というゴールがありますが、川下りは海に出てもなお続くんです。ゴールはない。

米元◆要は「ゴール」という言葉から何をイメージするかだと思うんです。彼らにどうなってほしいかという大きな方向性であり、願いということですよね。スタート地点は同じ学校の１つの教室で、この川のこの位置から出発する。でもその後は人それぞれあっていい。結果的にいろいろいていい。教師側は「予期してないものが出てくるぞ」というつもりで構え、その時々にパッと彼らに必要なものを渡してあげる。それが、結果的にいわゆる「個別最適」的になるのかなと感じました。

木村◆でも授業者としては、ある程度の基準に到達してほしいという思いがあって授業を作るわけですよね。僕は「海まで出なくていいよ」という授業はしんどいなあ。山に登った方がいい。山に登る方が授業的にはいい気がする……。

皆川◆その「しんどさ」って何ですか？

木村◆じゃあ「なんのために授業はあるの」という話です。「途中下車OK」の授業デザインはしにくくないですか？みんなが途中下車しないでゴールしてほしいと思う部分は、授業者としてやはりあります。

法貴◆川下りと山登りに通じるのは、「基礎を作る」ということだと思います。日常の授業で学んだ一人一人の基礎を元にして専門的な山を登っていく、登りながらまた戻ってきて、みんなで「今ここで迷ってるんだよ」というような話を共有する。それに対して「こうすればいい」というやり取りを繰り返す。いわば、「自分の山を登りながら、みんなでも同じ山を登る」。この縦と横の両方が、今求められてるのではないかと思います。

「学ばせる」と思わない

安◆最後に皆さんからもう一言ずつお願いします。

木村◆「川下り」という考え方はちょっと衝撃的でした。自分の中で整理したいと思ってます。

米元◆僕は、自分自身の授業のことを考えるといつも悩んでばかりいるんです。教室に入ってもまだ、「今日これで大丈夫かな」と不安に思いつつ、時間が来てそのまま授業が始まってしまうこともしばしばです。特別寄稿の先生方の原稿を読むと、授業が大好きだし、楽しいと思ってるけれど、「すごく落ち込んで、楽しく授業を提供できるか難しくなる時もある」というような文章がありました。授業づくりについて皆さんもいろんなことを考えていて、同じように悩んでいる方もいるのだと感じました。

法貴◆僕には、言葉にはできないけれど、理想の授業があります。教育実習で付いた先生が、その理想の授業を展開していました。その先生の授業を見て初めて「鳥肌が立つ」という経験をしたんです。だから、自分のカラに閉じ込もらず、視野を広げて行動することが大事だと考えてます。すると、理想はここにあったんだというところにたどり着き、そこからさらに自分でスタートを切っていけると思います。

皆川◆私は経営学部で歴史を教えているので、頑張って授業を準備しても、それが参加者の期待に応えられるかどうか、という不安があるんです。不安がっていても仕方ないので、提供できるものをちゃんと提供し、私も学生たちも余裕をもってできるようになろうと考えています。また、最近は自分が決めたことをしゃべるより、学生側から出てきたものに対して反応する「しゃべり」をしたいと考えています。ラジオの投稿番組のように、質問などに答えてしゃべるイメージです。学生から問いを発することで、ある程度自分がいなくても学べる場を作りたいと考えています。

河口◆教員側のビーイングと授業デザインということでいろいろ話しましたが、皆さんも私も言うことは変わらない。「変わらないのがビーイングなんだ」というのが感想です。海外にボランティアに行く時に「魚をあげるんじゃなく魚の獲り方を教えるんだ」とよく言いますよね。この話を聞くと、僕はいつも、「獲り方」ともう1つ、「魚はうまいよ」という体験をしてもらえばいいんじゃないかと考えるんです。獲り方を教えてもらわなくても、うまいとわかれば、潜って獲る、網を使ったり、釣り糸を垂らすやつが出てきたり、「うまいぞっ」て別の誰かに伝えるやつが出てくる。それで十分。こっちが頑張って何かをやっても、受け取る側が何かを受け取ってくれるとは限らないわけです。受け取ってくれるなら、生徒たちはみんなテストでいい点を取るはずです（笑）。だからそんなに頑張って「学ばせる」と熱く思わなくてもいいのかな、というのが私の授業デザインでしょうか。

安◆今回の特集テーマは「授業づくり、授業デザインとの対話」ですが、多様な論点が出てきたと思います。結論はありませんが、思考が広がった実感があります。これからも考え続けていきましょう。

「アクティブラーニング」に出会ってからは、生徒たちとの関係づくりがうまくいけば、授業はうまくいくんじゃないかと思っています

きむら・ごう
静岡雙葉中学校・高等学校教諭（理科）。ICT推進室室長。神奈川県学校野外活動研究会理事。

法貴孝哲の数学Ⅲ
生徒が発見、創造する授業の向こう側へ

［微分法　導関数の応用］

『学びとビーイング』の編集委員・編著者は、実際はどんな授業をしているの？　そこにはどんな狙いがあるの？　そんな読者の声にお応えして、このシリーズでは編集委員のひとりが実際に行っている普段の授業を他のメンバーが見学します。その後、授業者、見学者での振り返りを行い、授業の狙い、工夫、注目ポイントを探ります。
連載の前半は、授業者による授業概要の紹介、後半は授業者と見学者のディスカッションです。

■見学した授業の概要

教科	数学（数学Ⅲ）
日時	2022年11月12日（土）第3限（10:50～11:40）
実施学年組	高校2年 数学Ⅲ発展クラス（40名：男子30名・女子10名）
単元名	数学Ⅲ　微分法　導関数の応用　接線・法線の方程式
クラス編成・生徒の状況	清真学園数学科では中学3年次より、習熟度別クラス編成を行っている。特に高校2年次は、前期で高入生も含めて数学Ⅱ・数学Bまでの内容を終えるので、前期・後期で数学授業時のクラス編成を大きく変更する。本学年での編成は以下の通り。 ・高校2年次前期：発展クラス1、標準クラス3、高入生クラス1（計5クラス編成） ・高校2年次後期：数学Ⅲ発展クラス1（本クラス）、数学Ⅲ標準クラス1、数学ⅠAⅡB発展演習クラス1、数学ⅠAⅡB標準演習クラス2（計5クラス編成） 本クラスは、学年の中でも特に数学に自信のある生徒が集まっている。また、本学年は中学1年次より、授業者が数学の授業を担当し続けている学年であり、生徒の多くは授業者の授業観をよく理解している。

■本時の学習・指導計画　＊「個」は個別、「協」は協働をあらわす。

本時の目標	導関数を利用して、曲線の接線や法線を求めることができる。	
準備	授業前	ロイロノートで課題の提出（添削後返却）、予習シート作成（個）
導入	5分	予習時の疑問点を生徒間で共有（協）
理解確認	20分	授業プリント配布・内容確認、Ex（エクササイズ）の解答、質問・疑問の抽出等（個・協）
講義	10分	質問内容・活動状況を踏まえ教師から講義とフィードバック（個）
理解深化	14分	情報整理・再考、Exの解答等（個・協）
課題提示	1分	課題の提示、予習シート配布

授業者からのメッセージ

『Survival & Growth』
――全員ゾーン！

法貴孝哲
清真学園高等学校・中学校教諭

ときに数学は、登山にたとえられる。だから私は「数学」を「数岳」と表すことがある。登る山はその高さも含めて人それぞれ違ってよいし、どこに挑戦するかも自分で決めてよい。山頂に到達できなくてもよい。挑戦する心が大切。失敗してもそこから学んだ教訓を次に生かせばそれでよい。結果よりもまずは途中過程に存在するたくさんのワクワクに目を向けて楽しんでほしい。

教員になったばかりの私は、講義で生徒を引っ張っていく授業スタイルだった。生徒からの評価も高く、手ごたえも感じていた。しかし、このスタイルに本気で取り組んだからこそ、これだけでは超えられない壁を知った。アクティブ・ラーニングという言葉が世間で流行りだした頃のことである。

いまでは、方法論に大きなこだわりはない。某漫画の海軍大将たちが「○○な正義」とそれぞれ掲げているが、いまの私なら「適当な正義」と掲げる。何が正しいかは環境や場によって変化する。絶対はない。目の前の生徒たちや環境が変われば方法も変わる。私は、目の前の生徒たちが成長することを考え、その場の現状と一瞬先を見据えながら「適当」を探っていく。

もちろん、準備は怠らない。思考のための知識や技能は何か、授業内での到達点をどこに設定するか、そもそも学びを創出できる環境と機会が整っているのか、これからやろうとしていることに科学的根拠はあるのか……等を確認しながら授業準備をすすめていく。初めて授業を行うクラスには、授業ルーブリックを配り、授業でのグランドルールの説明を丁寧に行う。最初のうちは、学び方を学んでほしいという狙いから、私が中心となり授業を展開していくことが多い。しかし、結局のところ授業内での私の判断基準は「生徒たちの思考の質と量が向上しているかどうか」による。その結果として「教える」よりも「学ぶ」へ徐々に比重が高まっていくのである。

生徒たちが授業を通して、一回り成長したと実感でき、心を燃やし続けられる一助となればと願い、今日も私は授業に向かう。ただし、教育実践の真の評価は、生徒たちが自分の手元を去った後にどう考え、どう行動するかによって決まると考える。それまでに教師は、どのような環境でも自分たちで選択・判断・提案しながら成長し合える集団へと生徒たちを導く、またはそのマインドを育むことが肝要である。それができれば、方法は何でもよい。

■授業ルーブリック

素敵を発見・共創する！				
	ビジョン	とってもよろしい（4）	おっけ〜です（2.5）	だめぇ〜（1）
振り返る	何をしてよいかわからなくなったとき、定義や原理・原則に立ち戻り、構築した知のネットワークと経験をもとに、自分の立ち位置と、進むべき方向を再確認し、再び進みだすことができる。	本時に学んだ新たな事項や教訓の要諦をクリアかつロジカルに、自分の言葉で説明でき、次の学びに生かすことができる。	本時に学んだ新たな事項や教訓を、他と関連づけながらor具体例をあげながら、自分の言葉で説明でき、次の学びに生かすことができる。	本時に学んだことを説明することができない。
知識を活用する	すぐには正解にたどり着くことのできない問いに対しても、学んだ知識を総動員し、更新しながら考え抜くことができる。	Ex3以降を、学習した知識を組み合せながら個別または協働的に解決することができた。	Ex2までを学習した知識を組み合せながら個別または協働的に解決することができた。	Ex1に答えることができない。
疑問を見つける	独創的かつ興味深い本質的な「問い」を設定し、探究・研究を主体的にすすめていくことができる。	新たな気づきや、理解を深めるための問いを発することで、自らの知識や思考を発展させること（orそのきっかけ）ができた。	分からない事柄をうやむやにせずに、調べたり、質問したりすることができ、自らの知識や思考を整理することができた。	何を質問してよいか焦点が定まらず、内容理解を進めることができなかった。
自立のために依存する	対象のもつ意味や関係性を再構築するレベルでの対話を通して、互いの思考を持続的に更新し続け、新たなアイディアや価値を生み出すことができる。	他者と推論や論証を行いながら、自らの思考を発展させることで、自らの課題を解決できた。	困ったときに他者に聞いたり、考えを出し合ったりすることで、目の前の疑問や課題を理解・解決できた。	分からないことがあっても自ら動くことができなかったor動いたとしても理解をごまかしてしまった。

授業目的	物事を俯瞰してとらえながら、知恵を巡らせ、どのような場面においてもサバイバル（生き抜くこと・よりよく生きること）できる自分たちへと成長する。
授業目標	「数学」を通して、「不思議なものを感じる心」と「真理を追求しようとする好奇心」を源に、自らの学びを更新し続け、数学がつかえる・つくれる・見出せるようになる。
重点項目	① 振り返る　② 知識を活用する　③ 疑問を見つける　④ 自立のために依存する
態度目標	以下の5つを意識しながら「ココロ」と「カラダ」と「アタマ」と「ナカマ」がアクティブになれる行動をする。 (ア) 燃えるほど「しこう」(思考・試行) する　(イ)「とく」(徳・得) な行動をする (ウ) 開始時よりも「しんか」(進化・深化) する　(エ)「あす」(明日・us) を大切にする (オ) 終了後に「ミチ」(道・未知) を切り開く

◆清真学園高等学校・中学校
茨城県鹿嶋市宮中伏見4448-5に所在する共学の私立中高一貫校。1978年開校。14万平方メートル（東京ドームの約3倍）の敷地面積を持つ地域のリーディングスクールであり、茨城県を代表する進学校の1つでもある。2007年度に茨城県の私学で初のスーパーサイエンスハイスクール（SSH）指定を受ける。（2022年度から第4期（5年間）の指定）

授業で使用した資料はこちらからダウンロードできます。

【授業の流れについて】

河口◆今日は、2時限たっぷり授業を見せてもらいました。法貴さんの授業を初めて見学しましたが、刺激的です。まず聞きたいのは、今日の授業の構成です。見たところだと事前に予習シートが配られていて、生徒たちはそれに各自で取り組んでいるようでしたが、始まってから何をするのかは、事前に決まっているのですか？

法貴◆僕が入ってきても生徒たちは着席しないし、僕も全体に何もアナウンスしないから、初めて見るとビックリしますよね。いわゆる反転授業の形をとっています。開始時は生徒たちが予習シートの解答や、予習時の疑問点を共有し合い、自分たちで解決に努める時間です。最近では今日のように、生徒は開始チャイムの前から、自由に出歩いて、議論・活動を始めています。僕はそれを止めることなく、教室内の対話の内容や状況を観察しながら理解と習得の状況を確認してまわります。そして開始からおよそ5分経過したところで、授業プリントを配布します。特にこのときも生徒に着席は促しません。生徒たちはプリントの記述も参考にしながら、自分たちの議論を振り返ったり、個別に問題にアプローチして、わかったつもりになっていただけではないかを確認したりします。ここで新たな疑問から対話が始まることもあります。そして、授業開始から15分程経過したところで、ここまでの生徒の理解状況や質問（ロイロノートも活用）を踏まえて、講義を開始します。

このとき、生徒は一度着席します。今日の内容は、数学Ⅱで同様の考え方を学んでいるので、いつもより生徒たちからの質問が少なく、個々の学習も活発に行われていました。なので、講義までの時間をあえてたっぷりとり、講義も比較的あっさりと終わらせました。講義後は、また各自の習熟度に合わせた学習に戻り、終了のチャイム後、区切りの良いところを各自判断しながら、ゆるやかに終わります。

皆川◆法貴さんが何回か「朝送ったヤツ」と言っていたけれど、「朝送ったヤツ」って何ですか？

法貴◆毎時、授業内容の復習を兼ねた課題として、プリントのエクササイズの1と2の問題を解いてロイロノートで提出させています。提出されたものは、僕がすべて添削して次の授業までに返却しますが、共通の間違いや勘違いが目立った場合には、僕から全体にフィードバックを送ることがあります。また、課題提出時に質問も受け付けていて、理解の本質をついた良い質問が送られてきた場合には、それを逆に僕からクラス全体に「なぜ？」といって送っています。「朝送ったヤツ」とはこれのことです。実際に今日の授業で前のほうに座っていた生徒たちは、予習がばっちりだったこともあり、自分たちで「朝送ったヤツ」を解決することに盛り上がっていました。

河口◆開始から15分経過したあたりで、突然、生徒たちの多くが座り始めたのはどうしてです？

法貴◆ちょうどそのとき僕が教室全体に「まだ時間欲しい人いる？」と聞いたからです。そのとき、7割近くの生徒たちが手をあげたので、そのまま生徒の活動の時間を延長しましたが、生徒たち同士で一度「個」に戻って理解を確認しようと合意したのだと思います。

河口◆生徒にとってもこの授業の流れが染みついているってことですね。

法貴◆はい。ただし、いまの段階に至るまでには色々と仕掛けてきました。生徒たちがこれまで受けてきた授業はどういうものなのか、どういった学びを行ってきたのかは、授業のスタート時にはかなり気をつけています。

米元◆なじんできたところで手放していくということですね。

授業設計で気をつけていること

法貴◆そうです。正直、自分は講義が苦手ではない、というよりも得意です。だから、初めて教える生徒が多い場合や、数学が苦手な生徒が多いクラスでは、あえて講義型の授業を設計します。もちろん、講義型とはいっても、一方通行にはならないように、双方向型を意識し、授業目標を逐一ルーブリックで確認・共有したり、最後の5分に振り返りの時間をとったり、内容の区切り毎に生徒同士でのピアコーチングの時間を設けたりと、枠組みを丁寧につくります。生徒たちの多くは、授業の中で力がついていくことを実感し、定期考査でも良い結果を残します。そこで、ずるいやり方かもしれませんが、僕から生徒たちに提案します。「いまの授業設計だと、教えたことはできてもそうではないことはできないままになってしまう可能性が高いけれど、このままの進め方でいい？」と。すると、

生徒たちも無意識にそれを実感しているようで、これでは限界があることに共感・納得します。そこからは状況を見ながら、学びの責任を徐々に生徒へ投げていきます。いわば、生徒とともに授業もしなやかに成長していくということです。

河口◆実際に、今日のような流れが軌道に乗っているクラスのほうが、生徒たちの実力がついているなという実感はありますか？

法貴◆あります。今日の学年は中学１年次からずっと授業を担当しています。目に見える結果として、外部の模試の数学は、過年度の生徒より非常に良い成績を毎回残しています。

河口◆確かに、授業を見ていてそんな感じがしましたね。

法貴◆はい。あとは、たくさんの疑問や質問が授業内に出てくることも実力がつく理由かなと思います。生徒は自分の理解が不十分と思えばごまかすことなく、疑問点を遠慮なく聞いてきます。高校の授業というよりも、大学の数学科でのゼミナールに近い感じです。自分から学びを獲得しようとする姿勢が強く、かつ数学的な議論が生徒間でもできています。

米元◆法貴さんの授業は結果としていまの形になっていると思うのですが、そもそものところでは、授業をどういう意図で生徒に提供しているのですか？

法貴◆学ぶってことを学んでほしいってことに尽きます。数学を通して、大学入試後にも残るものを残したい。知識の獲得だけで終わらずに、考えて、知恵を発揮して、要諦を穿(うが)ちながら、自分なりの学び方をつかんでほしい。そのひとつの場です、授業は。

安◆信頼関係が築かれたうえでの実践だからこそ、生徒が生き生きとしているのだと感じました。今日は二つのクラスを見学しましたが、４限目はどのような位置づけの授業だったのですか？

法貴◆週１回の総合的な探究の時間です。生徒はいくつかある講座の中から選択して、その授業を１年間受講します。今年僕は「解法の探究」と題して、数学に関する講座を高校２年生対象に開講しました。ひとつの問題を多面的・多角的に見ることで、複数の解決策を見出したり、最適解を導き出したりすることにこだわった講座です。今日は、翌日に「日本数学 A-lympiad（金沢大学主催）」が行われることもあり、参加チームの生徒たち*からその練習をしたいという要望があったので、それにそった内容にしました。

【生徒のモチベーションを引き出す】

米元◆今日、二つのクラスを見て、どちらも何がモチベーションとなって生徒たちはあんなに意欲的に学んでいるのかと、不思議に感じました。そのモチベーションはどこからくるのかと。

法貴◆そう！　自分でいうのも変ですが、確かに生徒たち熱心にやっていますよね（笑）！

皆川◆気持ち悪いくらいですよ（笑）。さっき河口さんとも話していたのですが、「お腹すいた」とかそういった余計な話がまったくなく、ひたすら生徒が数学の話をしている。3限目も4限目も。

河口◆そこは、すごく目立つ特徴だなと思いました。しかも、生徒はそれぞれが、自分が次にやることをわかったうえで学んでいる。良い意味でインターバルがまったくなくて、どう「スイッチ」が入ったらそうなるのかが、すごく気になりました。

米元◆ちなみに授業がうまくいかないクラスはこれまでにはあったのですか？

法貴◆うまくいかない場合には、それが生徒の取り組み方によるものであれば、積極的にフィードバックをします。ただ、それとともに、授業デザインを逐一見直します。クラスの生徒個々の特性と集団としての特徴を見て、何が適当かを観察・思考しながら、常に授業しています。もちろん、昔はうまくいかないこともたくさんありました。でもそれは単純に自分が学習理論や方法論について不勉強で、未熟だったからです。

米元◆同じ学年の同じ科目でもクラスが異なれば授業方法も変わるということですか？

法貴◆はい。正直、僕は「絶対にこれ！」という方法論的なこだわりはないです。目の前の生徒たちが成長するには？という視点で、授業をつくっています。学びの主役は生徒たちなので。

皆川◆いつ頃からその境地になったんですか？

法貴◆いや〜（笑）。でも、いまの考えに至ったのはここ3、4年です。アクティブ・ラーニングという言葉をよく聞くようになったのが授業改善のきっかけでした。最初は手探りでとりあえず色々と試しにやっていましたね。でも、それが正直何につながって、どのような効果があるのかさっぱりわからず、まったくうまくいきませんでした。だからこそ、外に出て様々なセミナーに参加したり、書籍を読んだりして一つひとつを意味づけしていくようにしたんです。

いまでは、自分が授業中に行っていることが目的・目標と紐づけされているか、またその一つひとつをきちんと説明できるかを大切にしています。

【「わからない」と言える授業をつくる】

皆川◆法貴さんは授業中も生徒たちにめちゃめちゃ声掛けして、めちゃめちゃ確認してるじゃないですか。事前課題や提出物もあるから、生徒個々のレベルや状況を把握したうえで、生徒が安心して質問できるような状態をつくって、個別に対応しているように見えました。

法貴◆わからないことは絶対に隠さないでほしいということを、特に数学が苦手な生徒が多いクラスには毎時間言います。そして、まず自分から動こう！わからないと言えることから始めよう！と何

度も言います。わからないと言うことがこの場では許されていて、実際に自分から動くことができたという体験を繰り返すだけでも生徒は変わっていきます。

米元◆生徒の発信する色々なもの、サインを回収しながら検討したうえで、クラス毎に授業のプリント等の内容も変えて、調整しているということですね。

法貴◆そうです。授業プリントは、ベースは変わらずとも、毎年、毎時間作り変えています。作り変えずに授業に行くと基本うまくいきません。それは目の前の生徒を見て作ったものではないからです。ちょっとした説明の違いでもそれが表れます。課題も生徒たちが少し背伸びをして程よく届くところで難易度を調整しています。もしかすると、この難易度設定も生徒たちが熱中できるひとつの要因なのかもしれません。また、面白いのは数年前に自分が作成した授業プリントを見返すと、しばしば、よくこんなプリントを生徒に配って授業をしていたなと恥ずかしくなることです。もちろんそれを作ったとき、手抜きは一切していません。生徒も変わるし、生徒に対する私の視点も変化しているからでしょう。そういった意味では、毎時間の授業プリントが、自分の教材観の変容、自分の教員としての成長を認識するためのいわば自身のポートフォリオにもなっています。

米元◆授業プリントの蓄積が、自らの過去を振り返る材料にもなっているということですね。最後になりますが、いまはできてないけど、本当はやりたいことや今後の展望は何でしょう。

法貴◆大学３年次の数学科教育法の授業で「先生には３つのレベルがある。１番下は、数学的な知識、手続きを知らせるだけの先生。２番目のレベルは『覚える』ことに加えて『わかる』ことを目指す先生。そして、子どもの学びを中心にして、子どもが発見、創造することを信じてそれを実現できる先生、これがレベル３の先生」と教わったことがあります。実はこのレベル３はただの理想論だと勝手に思い込んでいた自分がいました。しかし、そうではないということが最近になってようやくわかり、まずはこの域に到達することです。そして、レベル４というものがあるならそれを見たいですね。５年間一緒に学んできたいまの高２の生徒たちとならそれが実現できそうです。

＊この翌日、第５回日本数学 A-lympiad に参加したチームは優良賞を受賞した。
＊見学・振り返り会参加者
河口竜行、皆川雅樹、米元洋次、安修平

徒然!? 教育 4コマ劇場

めがね先生の学校のシンソウ日記②

辻 さやか
福岡市立中学校 教諭
技術科

過積載に要注意

異動したら気になるコト

めがね先生から
ひとこと

公立学校の先生って、数年に一度、異動します。環境も人間関係も変わり心機一転できるんですが、意外なことがストレスになることも……。先生を続けていくためには、エネルギーのバランスがいちばん大事かもしれませんね。

つじ・さやか 先生が楽しそうだと子どもは安心します。現場で人一倍楽しそうな先生を増やしたくてマンガ描いてます。

連載

人生100年時代 還暦からの教員生活のために

目の前の生徒から学び続ける教師のBeingこそ教師自身のWell-Beingにつながる

鈴木建生
ユマニテク短期大学 学長・教授

「足下を掘れ、そこに泉あり」ニーチェ

自分自身のあり方（Being）を深め、広げていく契機はどこにあるのか。それは今、自分自身が立っているその場所以外にない。今、現在、自分がいる職場であり、家庭であり、地域社会であることは間違いがない。「答えは現場にある」とは組織の問題だけではなく、自分自身の生き方にも通じる。

49歳の時に年間100人以上が退学していく高校に赴任して、そこの生徒たちを鏡として自分自身を振り返ることができたように思う。このままでは面白くない、つまらない、楽しくないというのが実感であった。教師として働くのであれば、生徒と共に学校生活を楽しんで送りたい。一人も残らず、卒業して、社会につなげたいと願った。祈るような思いだった。暴言、怠学、問題行動といった現象に対して、個別の生徒自身に対して「評価・裁断」して、型通りの「指導」するのは簡単なことだ。生徒の背景にある様々な要因や状況に思いをはせるのも難しいことではない。しかし、そのような生徒と「馴れ合い」ではなく、「本音・実感・納得」の信頼関係でつながるのはそう容易なことではない。それにはこちら側の覚悟と教育技術が必要だ。それがなければ、教師としてのやりがいも楽しみも生まれないのだというのが当時の実感だった。

①生徒との「本音・実感・納得」の信頼関係を築くにはどうすればよいのか。
②生徒の「前向きに生きる力」を引き出すにはどうすればよいのか。

この2つの問い（コーチングで言えば「未来肯定質問」）が私の「足下」から掘り出された「泉」であった。教師としての探求と探究の旅が始まった。

学校改革の事例を求めて全国の高校に視察に行かせてもらった。主なものをあげるとすれば、コーチングと進路指導では北海道上富良野高校、構成的グループエンカウンターを用いた３年間の系統的キャリア教育では秋田の雄物川高校、普通科のインターンシップでは宮城の松島高校など、教育改革の多くのリーダーから学ばせてもらった。そして、様々な改革の仕組みはもとより、それらを生み出し、生徒の成長のために「本気」で取り組んでいる素晴らしい教育者から受けた感化は何物にも代えがたい私の財産となった。すべては人なのだと痛感した。当時は「茶髪でないと入れない高校」と言われた東京都立のある高校の校長室には

「本気ですればたいていのことができる。本気ですれば何でも面白い。本気でしていると誰かが助けてくれる」（後藤静香*）

という額が掲げられていた。その額の下で、教育改革についての思いを何時間も語る校長の姿が今も心に残っている。ちなみにこの後藤静香の詩はこの後に「人間を幸福にするために、本気ではたらいているものは、みんな幸福で、みんなえらい」と続く。教育の目的は人格の完成であり、生徒の幸福である。生徒の幸福を支援するために「本気」で働いている全国の教育者に改めてエールを送りたい。

「本気」になるとはどういうことか

「本気」になるとはどういうことか、これは自分でもよく分からない。この目に見えない力はどう表れるか。気迫とか気合いという一過性のものではないのは確かだが、結果として自分が置かれている困難な状況が変革されていくのを目の当たりにすることになる。

生徒は私たち教師の関わり方次第で何とでもなる。どのようにも成長していくものなのだという確信があった。生徒が最も成長していきやすい関わり方を教師全員で学び直すことが私たち教師のやりがいにもつながると思った。

当時、私は進路指導主事として、キャリア教育視点から、生徒の「生きる力」を育むために全国の先進校から学んだことを元にして、教育改革、進路指導、キャリア教育の視点から様々な校内研修を行った。人間関係作り、クラス経営では諸富祥彦先生、協同学習に基づいた授業作りでは杉江修治先生などの研修を企画した。中でも「わさびが目に沁みて３日で早期離職」という卒業生のケースを契機に生徒との信頼関係を築くための教師のコミュニケーションスキルの養成を目的としたコーチング研修は学校改革のエポックとなった。５月から８月にかけての３ヶ月間で、３時間の研修を10回実施した。これには周辺の共通の課題を持った高校からの参加者もあり、受講者も延べ350人を超えた。外部講師を招き、予算もかかったが、県教育改革室の協力を得て、これまでにない拠点校方式の教職員研修を行うことができた。様々な研修会を実施していく中で、生徒の成長のために学校改革を志し、主体的に研修に臨む仲間が周り

に現れ始めた。その年の下半期には授業改革のための「ワークショップ型授業研究会」という自主勉強会を立ち上げることができた。個別の関わり方はコーチング研修で学び、最も重要な教育活動の中心である授業改革は「協同学習」を軸に据えた。勉強会は月一回のペースで金曜日の放課後６時から８時半までとした。授業の実践報告と質疑、大学教授の講演などが中身だった。教師のための定時制高校の体であった。他校からの参加者もあり、貴重な、楽しい交流会にもなった。

結果として退学者が激減していった。進路未内定で卒業する者が皆無となった。毎年のように就職内定率は100%になった。生徒個人への関わり方、クラス経営、学年経営、進路指導、生徒指導、クラブ指導などが一体となって学校が回り始めた。ひとりの人の強い思いが伝播し、他の人の力を巻き込んでどんどん強くなり、現実を変革していくのを目の当たりにする思いであった。

三重県出身の講演家、実業家の大嶋啓介は「本気」を次のように定義している。①自分で決める・自分で決めている。②本気の人はあきらめない、やり続ける。③本気の人は楽しんでる。④人が集まる、人が応援したくなる。

「厳しさ幻想」の教育を乗り越えるために
――コーチングの信念は不可欠

先のコーチングの校内研修を契機に校内の空気が少しずつ、柔らかく変わっていくのが感じられた。それまではほとんどの教師が生徒に対して「厳しくしなくては」「厳しくすればなんとかなる」という「厳しさ幻想」に基づいた関わり方をしていた。しかし、それでは面従腹背の生徒を作るだけで、真の成長にはつながらない。生徒が成長することと従順な姿勢を示すこととは違う。まして、「主体的・対話的で深い学び」を実現する教育はあり得ない。生徒に伝えたいことと伝わっていることの違いも気がつかない教師も多い。それに気づかされたのはやはり、コーチングスキルを学んでからであった。生徒の「本音・実感・納得」を受け止めて聴くペーシング。それを続けることによって生徒との信頼関係（ラポール）が形成され、支援の土台ができ、初めて支援（リーディング）が可能となる。この順番を間違えてはならない。コーチングの信念として私は次の３つをあげている。

①人は自分の中に答えを持つ（あるいは判断する力）
②人はそれぞれの個性を持つ（違いを認め、違いから学ぶ）
③人はどこまでも成長しようとする向上心を持つ

この信念は生徒のみならず、すべての人に通じるものだ。その人の中にある

鈴木建生の教職人生の活動略歴と自己評価

歳	職歴	経歴・トピック等	活動・心境等の 【10】点満点の自己評価
26	県立A高校教諭	国語科・サッカー部顧問 人権教育・進路指導部・担任	新規採用教員として9年間勤務。人権担当、進路指導主事・就職担当、クラブ指導。 転勤時【6】
36	県立B高校	国語科・サッカー部顧問・生徒指導部・文科省・つくば中央研修 サンパウロ大学サッカー指導者研修参加。生徒指導部長	サッカー部指導が中心の教員生活。【6】 1か月の中央研修はすこぶる有用。ブラジル指導者研修・海外文化を吸収。
46	県立C高校	国語科授業中心の教師生活。	進学校での授業・国語教師として充実感。 【7】
49	県立D高校	学年主任・進路指導主事・就職担当 学校改革テーマ「面倒見の良い学校」 徹底した進路支援と学習支援 コーチングスキルによる就職支援 「OOPA!」セルフコーチングプランナー 学校全体による協同学習による授業改善 総合的な学習の時間のキャリア教育計画	退学者が年間100名以上の教育困難校。 赴任時【-】 多様な課題を持った生徒の支援の必要性。2006年、校内外教職員コーチング研修3か月で延べ33時間。受講者延べ330名。 「ワークショップ型授業研究会」設立。 毎週水曜4限目、校内の「授業改善プロジェクトチーム」を編成。 授業見学週間設定。 転勤時【8】
58 60	県立E定時制高校 退職	担任・進路指導主事 キャリア教育科目「トータルライフ」において、不登校、虐待、非行傾向の生徒たちと関わるなかで、またまた、支援者として教師として、非力を痛感する。 35年間の高校教員生活を終える。	新設の定時制高校。 【6】 生徒の支援に苦慮するが、充実感。セルフヘルプグループ・認知行動療法教育等、心理教育の必要性を痛感する。
61	産業能率大学経営学部・教授	リーダーシップコース・コーチングスキル養成他担当	アクティブラーニング型授業の実践。 【9】
64	ユマニテク短大副学長	副学長・経営管理部門担当	短大組織開発・学生募集・教員構成等、大学経営に苦心する。 【5】

答えを引き出すために、私たちには「質問で関わる技術」が不可欠である。その人の個性を認めるために「私メッセージ」の承認はたいへん有効である。生徒の可能性をとことん信じて関わる。勇気づけ、励ましの関わりが私のBeingでもある。

私自身はさらにコーチングスキルを学ぶために1年間、毎週土曜日、四日市から名古屋のコーチングスクールに通った。受講料も相当なものであったが、今考えると掛け替えのない自己投資でもあった。ビジネス界では「年収の3%は自己投資に」と言われる。読者諸氏は年間でどのくらい自己投資をなさっているだろうか。最近のキーワードである「人的資本経営」でも外部研修など自己投資が極めて重要なキャリア形成の手段になっているようである。

人生に「意味のないことは起こらない」

定年前の最後の職場は新設の定時制高校だった。前任校でもあった虐待、ネグレクトの成育歴を持つ生徒も多く、その関わり方が私にとって、さらに重要な教育実践となった。さらに治療的な関わりが必要だと分かり、認知行動療法教育やセルフヘルプグループ、ライフスキル教育などを学び、発達障害支援員の先生と協働して支援にあたった。特に愛着形成を再修復するための安全基地(セキュア・ベース)としての学校、教師のあり方が不可欠だった。生徒にとっての安全基地としての教師が「受容性、応答性、共感性」を持っているかが問われた。この場合もコーチングの傾聴のスキルが有効だった。

49歳からの教職キャリアの形成はコーチングと協同学習を中心に多岐にわたった。定年前の10年間が私にとっては最も実り多い時期であった。恥ずかしい話、デザインも計画もなくやみくもに目の前の生徒から学びながら関わってきた。それが、自分自身の掛け替えのない無形資産となったことも確かだ。目の前の生徒と共に成長する教師、生徒から学び続ける教師のBeingこそが教師自身のWell-Beingにつながる。

私に与えられたテーマは「還暦からの教員生活のために」というものであったが、まるで定年後の学び方やあり方については書けていない。定年後のキャリアデザインを行うことは必要だ。自戒を込めて、行き当たりばったりの定年後ではいけない。ただし、定年後は現役生活と分かちがたく結びついている。

私の場合、教育困難校での自分の教師としての課題、様々な学びや実践が「足下」を掘ることになった。それが定年後にどう役立つかなどと考える余裕はなかった。しかし、その泉からはとめどもなく清水があふれ出てきたように感じる。その頃は「逆境」であったが、私の人生にとって、その後、素晴らしい価値と意味を持つことになった。「意味のないことは起こらない」のである。**(了)**

＊後藤静香(ごとう・せいこう、1884～1971年)は、大分県出身の社会教育家、社会運動家。

すずき・たけお

学校法人大橋学園　ユマニテク短期大学　学長・教授

1953年、三重県四日市市生まれ。三重県立高校国語科教諭を定年退職後、産業能率大学経営学部教授。2017年からユマニテク短期大学副学長。2019年より現職。高校教員の後半は様々な困難を抱える生徒の進路指導にコーチングを活用し、7年間、普通科就職希望者約800名が就職内定。2014年度三重県教育功労者受賞。

第二弾

「教育」が嫌いな学長
森朋子先生の「野望」に迫る

アクティブラーナー法貴が長年気になる存在だったという、森朋子先生。その森先生が2022年、桐蔭横浜大学の学長に就任した。そこにはどんな思いがあるのか? そして森先生の「野望」とは!? 法貴が迫る!

森朋子さん
もり・ともこ　桐蔭横浜大学学長。ケルン大学哲学部修了。大阪大学言語文化研究科博士前期後期課程修了。博士(言語科学)。人がどのように学ぶのか、学びのメカニズムとプロセスを解明・理論化し、その知見を教育現場に活用する学習研究が専門。

聞き手:**法貴孝哲**
清真学園高等学校・中学校教諭
学びーイングサポーター

日本の学校が「苦しかった」

法貴◆本日はよろしくお願いいたします。早速ですが、森先生は日本の高校を卒業したあと、ドイツの大学に進まれているんですね。それはもしかして「日本の教育」に違和感を抱いていたからですか?

森◆そうですね。日本の「横並び」が一番苦しかった。そんなとき美学や哲学を学びたくていろんな本を読んでいるうち、海外には日本とまったく違う学校システムがあると知ったんです。日本の大学も受けたのですが、自分の能力と日本の「受験」というシステムがマッチしない。希望の大学に受からず……「ドイツの大学」という選択肢が浮上して日本を出ちゃった。私が今この仕事をしているのは、あの頃の経験が大きいですね。

法貴◆ドイツでの学生生活、研究はどのようなものだったんですか?

森◆まずびっくりしたのは、みんながめちゃくちゃ勉強することでした。おおげさじゃなく、朝から晩まで。日本の大学生はサークルやアルバイトに時間を費す印象ですが、ドイツではまったく違いました。楽しい大学生活なんて一切なかった。ドイツの大学生は「卒業して何になりたい」というのはあまりないんです。ただ、「これがおもしろいから勉強するんだ」と言いますね。

法貴◆ちなみにドイツ語は前もって勉強されてたんですか？

森◆日本の大学に一度入ってからドイツの大学に留学しようとしていたので、多少は勉強していたのですが、ドイツ人と対等にディスカッションできる能力はありませんでした。もちろん講義もすべてドイツ語ですから、思ったことをほぼ言い返せないというストレスをかかえて8年間勉強しました。すごくつらかったです。生まれ変わったら二度とやりません（笑）。ただし、語学力がないのがつらかっただけで、ドイツのシステムそのものはすごいなと思いました。30年くらい前なので、今は違うシステムなのですが、とにかくほんとうに勉強したい人だけが大学に行くんです。大学の数は州に数校くらい。日本で言えば、旧帝大一期校くらいしかありません。大学進学率は20%ほどで、「みんなが大学に行って適当に遊んで就職していく」という日本のシステムとはまったく違いました。何が違うかといえば、教育の「ベース」ですね。ほんとうに勉強したい人には、国籍問わずとても手厚い。当時は、ドイツの大学に進むことを前提にドイツ語学校の学費などがすべて無料でした。

教育学ではなく「人が学ぶメカニズム」を研究

森◆ドイツから帰って結婚し、第一子を産んでから大学に戻りました。子どもという存在があり、「この子たちにどういう教育が必要なのか」という観点もありました。いろんな経験したことによって、大学院でのモチベーションがすごく高かったと思います。何より、日本語ですべてわかるってすばらしい！

法貴◆日本に戻って、教育学を学んでみていかがでしたか？

森◆実は私、「教育学」は学んでいないんです。もとから「学習」なんです。「教える」ほうは、学習者がいなくても教えられる……というのは変な言い方ですが、そういうところがあります。私は最初から「主体が学ぶ」というのはどういうことなのか、人はどういうメカニズムで学んでいるのかということを考えてきました。

法貴◆「主体が学ぶ」ということは、認知科学に近い分野ということですか？

森◆そうですね。大阪大学の修士課程に入ったときは国際系の研究科に入りました。そこは何をやってもいいよという環境で、学習への興味が強まっていた頃、たまたま溝上慎一先生（現桐蔭学園理事長）が講演に来られたんです。溝上先生の講演で「高等教育」という分野があることを知り、大学生の学びに興味を持ったのがきっかけです。それからずっと学習研究をしています。理念の研究というよりは、その場その場で目の前にいる学習者が理論を創る研究です。

アクティブでない学びはない

法貴◆森先生が島根大学から関西大学に移った2014年頃、ちょうど「アクティブラーニング」という言葉が流行り出しましたね。

森◆そうですね。ただ、そもそも私は「基本的に学習はアクティブ。アクティブでない学びはない」という姿勢です。みなさんもそれをわかっているなかで、「もう一度認識しよう」と、「アクティブラーニング」と盛んに言われるようになったということではないでしょうか。私としては、「アクティブラーニング」はブームなどではなく「本質」です。

法貴◆私は、2014年に「アクティブラーニング」という言葉を初めて聞きました。最初は単純にグループ学習をすることかと考えていました。ただあまりに世の中で頻繁に言われるので、僕の認識が間違えているのではないかと、松下佳代先生の『ディープ・アクティブラーニング』(2015年、勁草書房)を読んだんです。当時の僕には難しすぎて、正直まったくわからない。でも、この内容がちゃんとわかれば自分のなかでも何か変わると、「アクティブラーニング」に本格的に興味を持ち始めました。

そこで東京大学の市川伸一先生の研修会に、月に一度参加するようになったのですが、そこである方から森先生の存在と「すごさ」を聞かされ、ネットなどで森先生の論文や記事を探しまくるようになりました。

森◆そうだったんですね！　ありがとうございます。

法貴◆森先生の記事を読みあさったあと、松下先生の本を読み直すと、だいぶ点と点がつながってきたことを今でも覚えています。僕は今、「授業どうしようかな」という迷いが生まれたとき、森先生の記事を自分なりにまとめた当時の資料に立ち戻っています。これがほんとうに原点です。

森◆素敵ですね。理論というのは作り替えていくことが前提です。再構築され、新たな情報が加わって、作り替えられていく。だから、使っていただくことがとてもありがたいです。うれしいなあ。

法貴◆ありがとうございます！

教室で共に学ぶ意味とは何なのか?

法貴◆高校くらいになると、教員の「教えたい」という願望が強いですね。学年が上がれば上がるほど……。

森◆絶対そう(笑)、ありますね。「自分のDNAを残したい」みたいな。でも、知識というのは、自分の知識と結びあわせて自分で作っていくものだから、「先

生方の教えたことじゃないんですよ」と思うんです。先生方というのは、自分の語りを通して人を導きたいという願望が強くあるんでしょうか。あとは授業進度もある。そもそも先生1人対生徒40人。40人分の思考があるので、学習はスケジュール通り進まないのが当たり前です。思考が40通りあるからこそおもしろいのだけど、学習指導要領に沿って進めなくてはいけない。なので、「ここはみんなわかったことにしよう」みたいな話になってしまいます。

ただ、今の教育政策はすごく「学習寄り」になってきていると思います。たとえば、やはり「個人は違うんだから個別最適じゃなきゃいけない」みたいな。なので、ちょっとうれしい。今後、「自己調整学習」も入ってきますよね。これも学習系なんです。「学習者のほうを見ましょう」というメッセージ性がすごく強いと思います。

法貴◆今回のインタビューが載るこの本のタイトル『学びとビーイング』も、生徒を個々として見ないのはおかしいという我々編集委員の思いが原点にあります。

森◆おっしゃるとおりで、学習系の研究者としては、「じゃあみんなバラバラでいいよね」と言いたい。ただ、それでは授業が立ち行かないのもわかっているので、個人的に一番気になるのは学習集団の特性なんですね。一クラスの生徒が40人として、さまざまなデータを使って分析すると、ほぼ7通りに分かれることが多いです。7通りの対応をすることで、全員の最適化は狙えないかもしれないけれど、一斉よりは個別対応ができるという考え方です。

では7通りどころではなく「個人個人それぞれのペースに合わせてやりましょう」となると、これは、完全に個人学習です。すると、「みんなが教室にいる理由」って何だろう？という問いにぶつかりますよね。その答えはたとえば、違う特性を持つ者同士が補完的な活動をすることであったりします。だから、ただ「グループワークをしなさい」ではなく、「この子とこの子を組み合わせたら、こんなおもしろいことできるかも」と考えてみる。そういうふうに子どもたちを見ながら授業をすることで、もっともっとおもしろい授業ができると思うんですよね。先生方はある意味、学びのデザイナーです。

法貴◆生徒同士のペアリングということですね。「この子とこの子で何かを創出する、新しいものができるんじゃないか」という。

森◆はい、先生方というのは生徒をよく見ておられるのですが、なぜか「じゃあ隣同士で」となってしまいがちですよね。

法貴◆たしかに、毎回同じ子とばかりではもったいない。

大学全体をデザインしてみたかった

法貴◆森先生が、関西大学から桐蔭横浜大学に移ったときには教育界に大激震が走りました。その決意というか、きっかけは何だったんでしょう？

森◆そんな大きな話ではなくて（笑）。私は大学院に入ったのも研究者になったのも遅く、初職が39、40歳の頃だったんです。島根大学に行ったのも子どもを二人産んだあとですし、いろんな体験をしてきています。私のなかで「ワークライフバランス」というのは大きくて、私が動くときはほぼ家族の都合です。桐蔭学園に移ったのも、東京の実家に住む両親が二人とも90歳になり、同居を考えていた頃、お話が来た。それが、一番の理由です。

　ただ、もちろん仕事上でも大きな理由があります。島根大学も関西大学も勉強になったし、成長し、良い仲間にも恵まれ、なんの不満もなかった。ただ、学生たちがもっともっと伸びるはずなのに、学習研究の知見が十分に活用されていないことに非常にストレスを感じていたんですね。一教員として「一つの授業をよくする」ことはできるんですが、学生は連続性のあるカリキュラムで成長する。ですから、「カリキュラムをデザインできる立場にならないと学生の学びは良くならない」。それに気づいたのが関西大学にいたときでした。

法貴◆カリキュラムがデザインできる、ということは……。

森◆はい、学部長とか、えらくならないとダメですよね（笑）。「もっとこうしたい」と思っても、大学っていろんな大人の都合があって。だったら学部長、学長になるしかないじゃないですか。それが理由です。えらくなりたかったわけでもなんでもなく、カリキュラムだけでなく、学修支援や入試、教職員の働き方など大学全体をデザインしてみたかった。今は、実施されているカリキュラムで学生が伸びるかどうか、全部データを確認しながら精一杯やっています。

法貴◆森先生の講演などを聞いていて感じていることなんですが、「この分野の人たちはできないと言ってるけど、私たちはそれをやる側にいるし、できると思っている」というような言葉が多い。すごくポジティブな感情で物事を動かしていると、ひしひし感じるんです。「できない？　それほんとなの？」という問いを、森先生はもともと持っておられるのではないかなと。だから思い切った行動に出られるのかなと感じていました。

森◆ありがとうございます。私は桐蔭学園の小学校の校長も兼任しているのですが、個人的に思うのは、「この子たちってものすごくおもしろいことしているな」ということ。中学校に進むと、公立の場合は内申書がありますよね。先生の言うことを聞かないと内申書に響く。うちの息子は、それでけっこうダメージを受けまして……。子どもたちはそれぞれいろんなことを思っているのに、この「内申」にぶつかる時点で一度「いい子になろう」というスイッチが入ってしまう。高校もそのまま進んで、いざ大学で「さあ、自由に学べ」と言っても、できないと思うんですよね。

18歳の偏差値で人生が決まっていいのか

森◆日本のポテンシャルというのは、ほんとに高いんです。ただ今OECD諸国の平均の大学進学率は60%超えてきているのに、日本はまだ54%。女子でいえば、いまだに50%を切ってるんですね。でも逆に言えば、伸びる余地があるということです。

人生100年時代です。私の90歳の父は「今度はどのスマホにしようかな」と言っています。そんな時代に、日本の多くの若者は18歳の偏差値で自分の人生を決めてしまう。でも、たとえばドイツでは、兵役があるという背景もあるんですが、高校を卒業してから自分が何を学びたいのか一旦立ち止まって考えるんです。いろんな経験をして、高校を卒業して数年後に大学に入ったりする。何を学びたいか、考えに考えてから大学に入るので、ものすごく勉強します。そしてもし「違う」と思ったら、平気で大学を変えたり、違う分野を学び直したりするんですね。そういうドイツのあり方を体験してきた目で見たとき、日本の小学校から大学までのシステムは非常に息苦しい。

そのなかで、本学を任されることになった今、これはジャイアントキリングのチャンスだと思っているんです。

法貴◆ジャイアントキリングですか！

森◆私のなかではそうですね。実は、そこにマインドセットするところから始めなくちゃいけないんです。社会的に何をもって「成功」というのかわからないけれど、学生たちが大きく伸びて、一定の評価を受けるようなことがあれば、大学に行きたいと思う高校生がもっと増えたりするのではないか。

今私がやろうとしているのは、まず自分の大学で学生を大きく伸ばすこと。それがエビデンスで証明できれば、「こういうふうにすれば学生を伸ばせて、学生が集まる」と、全国の同ランクの大学もまねしてくれると思うんです。同じような大学とタッグを組んで、学生たちをどう育てるか徹底的に検討していきたい。これが今の私の「野望」です。

法貴◆ちなみにジャイアントキリングと

いえば……、実は今学年主任として学年通信を発行しています。そのタイトルが「ジャイアントキリング」なんです。

森◆いいですね！

法貴◆光栄です（笑）！　桐蔭横浜に赴任したのは新型コロナウィルスの感染が広がっていた時期でしたから、これはある意味チャンスだったのでは？

森◆おっしゃるとおりです。実は大きく変えることができたのは、小学校なんです。まだまだ完成には程遠いのですが、コロナをきっかけに、「お行儀中心」の小学校を「資質能力ベース」に転換しました。たとえば通知表をなくし単元の到達度評価にしたり。いろんなことをしてみたら、それまでの2倍弱くらいの入試倍率が、2022年は7倍に跳ね上がったんです。しかも「歩留まり」も高い。私は、着任後、「なぜ変えるのか」ということを、時代性の観点から説明してきました。そのことが、この新型コロナの流行下で、若い保護者の方たちに実感として響いた結果ではないかと思っています。そして、大学でも同じことができると考えています。ただ、今度は訴える相手は保護者ではなく高校生です。「あなたたち、社会がこんなに変わるのに今それでいいの？　今18歳の自分をもっともっとチューンナップしていって、自分のキャリアを考えようよ」というのが今の戦略です。

社会全体の変革が必要

森◆とても残念なんですが、大学を卒業して就職するとき、あまり知識は問われないのですよね。これなんです、結局のところ問題は。

図を見てもらってもよいでしょうか。

高校では「見える学力」というところを重要視しているし、高校生も自分をそこで評価してしまいますが、大学に入っ

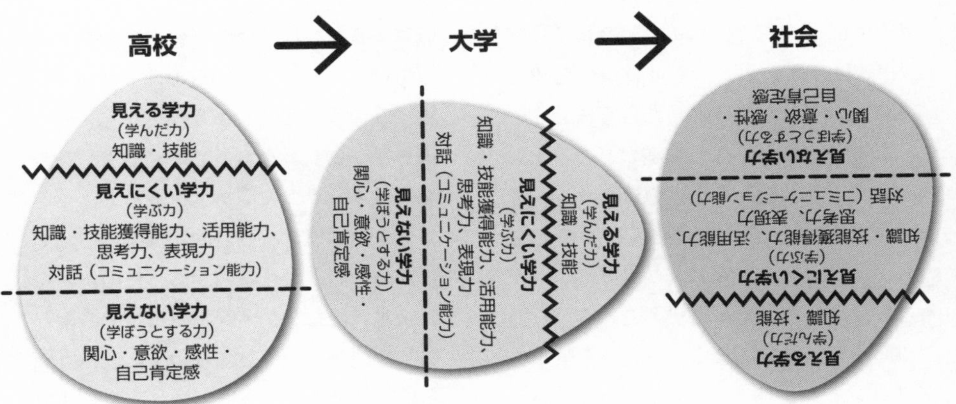

見える学力、見えにくい学力、見えない学力

たら変わります。テストはレポート、授業を聞くよりディスカッション……すべて必要になってきます。そして結局就職するときは、「見えにくい学力」「見えない学力」、ほぼこの２つで就職していくんですよね。だからいくら物理学を学んでも、就職したら「明日から有機化学をやれ」とか言われる。結局、大学でやるべきことは「教えられなくても」自分で学べる人材を育てていくことなのだと思います。専門的な知識は、卒業するためには必要ですが、社会との接続にはあまり密接ではないものが多いですね。

法貴◆プレゼンテーションなどいわゆる非認知能力をつけることに熱心になる大学も少なくないように思うんですが、森先生はそうではないと？

森◆それも一つの方法だとは思うんです。でも、もとをたどれば、プレゼンテーションする内容や知識が必要ですよね。学問というのはそういうものにアクセスするツールなので、それがないと図の中の固まりの下二つの「見えにくい学力」「見えない学力」も伸びないと思うんです。ですので、入ったらうまくこの二つを使いながらも、知識のところはしっかりと重要視しないといけません。違う表現をすれば、知識を獲得するときに、下２つの「見えにくい学力」「見えない学力」もつくんです。こちらから提供したテーマではなく、本人が希望するプロジェクト型などで学んでいくというのは、うちの戦略ではあるのですが、同時に知識は必ず必要です。

法貴◆大学のなかでいう「知識」とは何でしょう？　何をもって「知識」とするのでしょうか？

森◆学問分野によって違いますね。「クローズドクエスチョン」の学問、機械工学や医学であれば、「最低限これは知らなくてはいけない」というのが知識です。けれど、人文社会科学の場合、知識は「オープンクエスチョン」。人文社会科学は「自分がどの立ち位置に立って、どう見るのか」を説明しなければならない学問だからです。そういう意味では、求められている知識の質というものは、学問によって全然違う。ただ言えるのは、「使えない知識は知識と呼ばない」ということです。つまりクイズの答えの類は、私たちの学問分野では「知識」ではなく「情報」です。「知識」というのは実体験に基づいていたり、何かと連動しネットワーク上にあるものであり、単独では「情報」という理解です。

法貴◆であれば、今の学習指導要領で言っている「知識」というのは「情報」に近いということでしょうか？

森◆おっしゃるとおりです。でも、それをカリキュラムマネジメントで、ネットワーク上に置き、総合的な探究の時間でまとめたいという意図があったのだと思います。ただし、国際バカロレアのように「探究が真ん中にあり知識が周りに散らばっているという形」ではなく全部並列になっている。だから、日本のカリキュラムはどうしても暗記的になってしまい、学習者にとって非常にしんどいカリキュラムになっているんです。

法貴◆最後に、現在進行形の「野望」は先ほど聞きましたが、少し先の未来の野望もありますよね。ぜひ聞かせてください。

森◆野望ですか（笑）。まずは日本の小学校から大学、社会まで、どういう接続をしていくかをもう一度考えたい。そして社会がジョブ型雇用になるのに合わせて、リスキリングで大学に戻ってくる循環をデザインしたいですね。すると結局、大学のシステムを変えるしかない。インプット型ではなくアウトプット型、卒業するのが難しい大学システムにすればすべて変わるのではないかと思っています。

大学に通う18～22歳は、人間にとって成長期です。5歳くらいの第一次成長期は、いろんな環境が影響するので自分ではどうしようもできません。けれど18歳からの4年間は、自分で自分を変えられる一番大きなチャンスです。そこで必死になって勉強する経験が、絶対にあとで効いてきます。そういう大学を作りたいし、そこに接続するような高校や中学、小学校のあり方を考えていきたい。そうすれば日本って、もっとよくなると思うんです。

すごく大きな話をしていると思われるでしょうけど、ドイツやフランス、イギリスなどヨーロッパの国々は、時代の変

化に合わせて自分たちをあれだけ変えてるんです。EUのシステムもそうですし、今、ドイツの学校システムもびっくりするくらい変わりました。変革するのは、衰退しないためなんです。

日本は、高度成長期が終わり、国力がどんどん弱くなり、世界的に影響力がなくなっています。それは、やはり人が育っていないからだと思うんです。

私の野望は、まずはうちの大学で、大学のあり方を大きく変えること。そして、そこにつながる高校や小中学校のあり方を考えて、子どもたちの6歳くらいから25歳くらいの学びをトータルにデザインしたい。やっぱり大きい話ですね。200年くらい生きないとダメかもしれません（笑）。

記事構成：本郷明美

教員と生徒のアクティブビーイングとは
――土台から考えるアクティブラーニング

第2回

生徒が主体的に学ぶ授業を作るための教員自身のアクティブビーイング

この連載では、「主体的学習者の育つ学校・授業とは」という視点から、4回にわたり教員のありかたについて考えている。今回は、授業のことを中心に……。

河口竜行

和洋国府台女子中学校高等学校 教諭
学びーイングサポーター

競争としての受験とそのための授業

私が最初に教員として飛びこんだ環境を思い返してみる。当時は、大学受験に向けて「競争」に勝つためのトレーニングをする場、といった学校が、現在よりも多かった。時代はまさに80年代後半のバブル全盛期で、全体の生徒数も現在の2倍近くいる時期だった。中高は結構な買い手市場で、生徒を大学受験という競争で勝てるように育てることで、入り口での人気を確保する。そのため、受験指導と当時呼ばれたものに、大きな価値があった。

成績で何段階にも分けたクラスで授業が行われる学校も増えていて、私の所属していた学校もそのようなシステムだった。生徒たちは、少しでも次のテストの点数を上げ、一つ上位のクラスへ行くことを目指してがんばっていた。その気持ちに応えられるよう、先輩教員たちは、緻密な教材研究をし、完璧とも思えるオリジナル教材を作り、豊富な知識と圧倒的な話術で生徒たちを引っ張っていた。板書も、今ならスマホで写真を撮って毎回保存したいような、非常によくまとまったものが多かった。

いつか自分の塾を作るという遠い先の夢を胸に抱えながら、「新卒」教員の私は、少しでも早くそれら教員としてのスキルを吸収しようと自分なりに奮闘した。またそれは、担当しているクラスの成績が悪いと定期テストのやり直しをしなければならないなど、学校からの種々のプレッシャーに背中を押されてのことでもあった。

▨自分で考える余地を残そうとしたが……

そうして何年かが経つうちに、私も、生徒たちを引き込んで学習内容を身につけさせるような授業を行うスキルを、少しずつながらつけていったように思う。

しかし、実はそんな中、私には「どうもうまくいかない」と感じる点があった。私は、これだけを把握すればもう大丈夫だというプリントを配ったり、考え方から問題の解法までがしっかり語られていたりという授業には抵抗があった（今もだが）。そこで、配付プリントや口頭での説明において、生徒たちに考えてもらう余地を残そうという工夫をすることになる。その結果、自分の頭で考えるようになってくれた生徒も確実にいたことはいたのだが、それは一部に過ぎなかった。多くの生徒たちに、「河口先生の授業は結論がはっきりしない」「もっと答えを教えて欲しい」「テスト勉強がしにくい」という不安や不満を抱かせてしまったのだ。こちらの意図を丁寧に説明することで解消される部分もあったが、解消しにくい壁がそこにはあった。

▨ただ授業の時間だから授業をするというのは

なぜ授業があるのか。なぜ授業をするのか。

私たち授業を担当する者が、時間割に載っている時間が来たから教室へ行き、カリキュラムで定められたスケジュールに従ってそこにいる生徒たちに知識を伝える。そしてテストの問題に答えられるよう課題を与え、訓練する。一方、授業を受ける側である生徒は、時間割に載っている時間が来たから教室に着席し、先生の教えることをよく聞き、知識を得る。そしてテストの問題に答えられるように訓練する。――結果的にそのように見える授業があるとすると、本当にそれだけでいいのだろうかという思いが頭から離れない。

いわゆる成績のよい人からそうでない人まで、中学校や高校での授業内容は、どの程度身についているのだろうか。これも、教員になった頃からずっと考えてきたことである。中高の合計で６年間、生徒たちはほとんどの平日の時間を、授業を受けることに費やす。単純にいえば、「その割にみんな身についてないよね」と感じたのである。もったいない。若い時間を授業に費やして、大して中身が残らないのなら。

中身が残らないのは、授業を「している」のは教員で、生徒たちはそこにお客さんのように集まり、座りなさい聞きなさい書きなさい覚えなさい、という指示を聞いているだけだからだ。聞いているならまだましなほうかもしれないが。

自分の考えを文章にする練習

これをなんとかできないかと思って行ったのが、冒頭の「不親切」といわれた授業だった。その後始めた次の一手は、授業や定期テストで、まとまった分量の文章を書くというものだった。文章を書くのは、どうしても受け身ではできない。そこで、現代文でも古典でも、授業で読んだ文章に関してテーマを設定し、自分の考えを200〜600字程度で書く、ということを始めた。たとえば、ポイントを示して、このことに対してあなたはどう思うか、というような形である。

まだインターネットの登場前の話である。文藝春秋社から1992年に初めて発刊された『日本の論点』や、新聞の社説等から、互いに意見の異なる複数の意見を生徒に示し、自分の考えやその理由を書くようなことを繰り返した。定期テストにも600字の意見文を出したりしていた。定期テストを完全に授業担当者別に各自で作るという、当時在籍していた学校のシステムも、これを実行するには好都合だった。

自分の意見を書く機会の大切さはその後も痛感することが何度もあり、現在でも時間を作って行うようにしている。

次は読むことを主体的な「行動」にしたかった

書く活動によって、少しは授業を主体的な参加の場にすることができたその次は、読むことがテーマになった。本来、きわめて主体的な行為であるはずの、「読む」ということも、授業という場面になると急に読まされ感が前面に出がちである。

主体的に読む、という活動に関しては、この本に寄稿してくださっている方々の文章でも見ることができるし、これまで多くの方が、それぞれの行っている授業デザインについて共有・公開してくださっている。先達の実践例を参考にしたりしながら、私も生徒たちがテキストを主体的に読むようになるための工夫を続けた。作品の世界を絵にする作業を入れてみたり、発問を工夫して生徒たちの気づきを促す活動を入れてみたりなどした。その中で、自分から読もうとする姿勢を持つ生徒を徐々に増やせたようには思えるが、これだというやり方に至らないまま、時間が過ぎていった。

その後、授業で生徒同士の対話を積極的に行うことで、各自の読みの主体性が飛躍的に増すことに気づくことになる。

対話することで、読むことがその日の「体験」になる

初めは、問題演習をする際に、グループで相談しながら問題の答えを考えるという活動をしたことがきっかけだった。現在（原稿作成時点）の勤務校に入って数年経ってからのことだ。これは最初から盛り上がった。選択問題であれば、なぜ自分がこれを選ぶのかを説明する生徒が話の口火を切る。するとその根拠を詳しく尋ねる生徒や、また自分は違う選択肢を選びその理由は本文のこの箇所であるなどと主張する生徒が現れる。とにかく楽しそうに話し合いが続くのだった。少し慣れてきたクラスでは、記述式の解答についても、本文中のどの箇所を根拠に、どのように解答をまとめるのかについてグループで吟味することができるようになった。

このような授業を話題にしたときに、「それは成績のよい自信のある生徒たちだから、そのようになるのではないでしょうか。自分の学校では難しいです」という言葉を何度も聞いた。たしかにそうかもしれない。以前はそのように思った。ただ、それは扱うテキストの選び方次第、また後述する事前準備のしかた次第であると今は思っている。

授業を「体験」の場にし、その体験を生徒の「経験」にする

問題演習で実施したグループワークを、まもなく通常のテキストを読む授業でも行うようになった。初めはなかなかスムーズになどいかなかった。テキストを読むのは、あくまで各個人のすることなので、その読んだことを生徒同士が共有するにはどのよう方法が適切なのかを考えながら、試行錯誤を続けた。

その中で気づいたのは、本文の主旨をたどったり本文の構造について図示したりしながら解説を加えても、読むスキル（の一例）を伝えることはできても、生徒が主体的に読むことにはつながりにくいということだった。そのままで

は、授業が生徒の「体験」となることは難しい。

そこで、順序を逆にし、解説は後回しにすることにした。まず各自が最初にテキスト本文を読んだあと、疑問に思ったこと等を書いたり話したりするようにした。そして、そのようなよくわからない状態のまま、その時点で感じたこと考えたことを、これも書いたり話したりすることにした。

すると、これは何かを他者から受けとって把握し覚えるのではなく、あくまで自分として受信・発信をする行動だからだと考えられるが、生徒たちの最初に読む行為自体への取り組みに、前向きな変化が現れたのである。そうして書かれた個人の感想や疑問点は、クラスで共有し生徒が互いに読めるようにした。すると、共通の感想や疑問を目にして、そこに共感が生じる。また、自分の気づいていないことへのコメントを読み、新しい発見が生まれたりもする。

「わかったことを話す」から「話してよりわかりたくなる」へ

グループワークを行うときには、こうして疑問点を共有するところから始めると、スムーズに始められるし、参加できない生徒も生じにくいようだ。自分たちの出した疑問点について検討をし始めると、本文の背景や作者に関する知識の必要性を感じ、自分たちでそれを調べ、共有するようにもなってくる。さらに各グループの状況を発表してもらうなどしてクラス全体で共有する。私はその内容を見て、補足をする。こちらの役割は、その調べ方について助言したり、生徒たちが気づいていないこと等を補ったりする意味での介入である。

グループワークについて、「知識もなしに話し合うことなどできない」というAL反対論がある。これは一種もっともだと私も思う。生徒たちでは考えもつかないような知識や視点を示すのが授業者の役割でもあるからだ。ただ、だからまず教える、というよりは、十分に主体的に考える環境づくりをして、そのあとでこちらから知識や視点を補う。需要が十分に高まり、お腹がすいてから、はいどうぞというわけである。

楽しくて、かつ議論の土台をつくる対話練習へ

逆にまだ需要のないところに教科書・板書・説明が供給される授業で、生徒たちが興味を持って取り組むのはやはり相当難しいのではないだろうか。さらにはその後にテストが控えているのがわかっていたりして、生徒の選択肢は、

最初からやる気をなくすか、とにかくテストさえできればよいという効率追求の苦行にチャレンジするかの二択になりがちだったりもする。授業よりも楽しいことがたくさんある中、生徒たちが授業に前向きに取り組むには、楽しい要素が必要だと私は考えた。

一方、ペアワークやグループワークがうまくいかないのは、生徒たちが互いに雑談以外で話をすることに全く不慣れだからだということに気づき、十数年前から、対話の練習を行い始めた。授業やHRで、ペアを作り単純な自己紹介を繰り返すのである。時には４人や６人のグループでも行う。

対話の練習を重ねていくと、授業中のペアワークやグループワークの雰囲気（質）が目に見えて向上する。そしてもちろん、互いにおしゃべりをするのは、慣れれば慣れるほど楽しいのだ。楽しくおしゃべりをする、その空気のままで、テキストについての疑問や感想について共有する。次第に生徒たちが教材について楽しく議論をするようになる。対話型授業について、教員研修に呼んでいただいた際に私が毎度「対話の練習」を紹介するのは、こうした一石二鳥の効果があるからなのだ。

「わかったら楽しい」から「楽しいからわかる」へ

「どうして古典を学ばなければいけないのか」。古典だけでなくどの教科にも、少なからずこうした疑問が出される。私も中高生の頃は、こんなことばかりを言っていた。だいたい、やりたくないときこういう言葉が出てくるのだ。

なぜこの教科・科目を学ぶのかについて、授業者はやはり早い段階で生徒に説明する責任はあると私も考えている。ただ、それが小・中・高校の生徒に理解・納得されるかどうかについては、実に心もとないのが現状であろう。学ぶ意義を理解してから学ぶのは理想かもしれないが、それは難しい。そんなときに、授業者が、「できないのは生徒にやる気がないからだ」としてしまうのには私は賛成できない。

授業は、世界への窓口でありお品書きのようなものだ。中身やその先にある何かまでは、まだよくわからない状態で、生徒たちは授業にやってくる。まだ入り口から足を踏み入れる前に中身やその価値を理解することは難しい。「わかったら楽しい」かもしれないが、それは「わからなかったらつまらない」ということだ。逆に「楽しむうちにわかってくる。そしてよりわかりたいと思う」。こうした窓口が授業だったらいいなと考えている。

（つづく）

狩猟とBeing

中高一貫女子校教師のダブルワーク日誌

その2
Beeとビーイング

木村 剛

静岡雙葉中学校・高等学校 教諭
学びーイングサポーター

私は静岡市の中高一貫の女子校で理科の教員をしている。そのかたわら3年ほど前から狩猟に関わるようになった。生物を専門としている教員として、長年自然や生き物の面白さ、厳しさを伝えてきたつもりだが、ふとしたことから始めた狩猟は、思っていた以上の世界だった。そして、興味は養蜂にも広がり、ついには、学校でミツバチを飼い始めることになった。

ハチミツプロジェクト

勤務校に「コース」という探究活動に位置付けられる授業がある。その中でプロジェクトベース（プロジェクト学習）の取り組みができないかと思案していた。2021年の春のことである。ある勉強会で知り合った先生が学校で取れたハチミツを持ってきたことが頭の中に浮かんだ。学校で養蜂ができるんだと。コースの中で養蜂をやってみたいのですが、と同僚に話をしたところ、在校生の保護者に養蜂家がいると聞き、いてもたってもいられなくなった。

その週末に伺ったのは藤枝市にある秋山養蜂さん。のちに私が師匠と仰ぐ秋山知生さんは3代目である。戦前から養蜂業を営まれており、全国にはここで修行したお弟子さんが多数おられる。お会いすると秋山さんはとてもおおらかで優しい人柄であった。玉川大学でミツバチの研究をしてきた方で養蜂の歴史や現状、そして様々な疑問・質問に丁寧に答えていただいた。恥ずかしながら、ニホンミツバチとセイヨウミツバチの違いすら私は知らなかった。学生養蜂サミットなるものがあり、全国の高校で養蜂に取り組んでいる学校が思った以上にあること、ヨーロッパの教会では養蜂が行われていて、その過程で取れる蜜蠟を使って蠟燭をつくっていること、パリ・オペラ座の屋上でも養蜂が行われていてお土産として販売されていること、ローヤルゼリーとは女王蜂になる幼

働きバチの様子や蜜のたまり具合を確認中

女王蜂わかりますか？（正解は P159）

（正解は P159）

虫だけが特別に与えられる栄養源であることなど、たくさんの話を伺うことができた。

その後は養蜂現場の見学。ドキドキしながら巣箱を見に行った。初めて見る大量のミツバチ、思ったよりも可愛い。生物の授業で取り扱っているだけだった「ミツバチのダンス」も見ることができた。本当にくるくる回ってお尻を振っていた。そしてその巣に君臨している女王蜂は予想外に健気に動いていた。ミツバチたちは思いのほか穏やかであった。秋山さん曰く「巣箱の手入れを丁寧にやるとハチも穏やかに育つし、雑に扱うと気の荒いハチに育つ」そうだ。

教育という現場でも同じような経験があると感じた。ちょっと体が大きいのがオスバチ。オスは針がないので刺さないとのこと。針は産卵管が変化したものなので当然ないのである。

思うは招く 

事務所に戻り、ハチミツを試食させていただいた。これが本当に美味しい。色の違いがあり、味も香りも色々である。食べ比べたのはアカシア、蓮花、マロニエ、クロガネモチ、ミカン、百花。自分の好みはミカン。爽やかな香りとスッキリとした甘味、後味も軽やか。柑橘類は葉を潰すと、あの爽やかな香りがするのだがハチミツにもその風味があることに感動。これまで意識して国産ハチミツは食べたことがなく、ハチミツに味の違いがあるのは何となく知っていた程度だったことを反省した。単一の名前がついているハチミツはその花が咲いている時期だけ巣箱を設置して、採蜜したもの。秋山さんもミカンの開花時期にはミカン農家にお願いして巣箱を設置させていただくとのこと。学校でやるなら蜜源は様々なので百花蜜になる。単一の蜜を採取するのは大変で、現在でも蜜源となる花の開花に合わせて北上する移動養蜂なるものを行っている養蜂家が存在するそうだ。ちなみにミツバチの帰巣本能は女王蜂のフェロモンに支配され保たれていて、その習性を利用し巣箱を移動しても一定の時間置いておけば問題なくミツバチは巣に戻ってくる。

校内での手続き、予算確保など越えなければいけないハードルを想像しながら、学校での養蜂プロジェクト実現可能性の手応えを感じ、帰宅の途についた。

ハチの飼育は、刺されるというリスクが伴う活動なので、参加希望者とプロジェクトのマッチングに時間をかけた。休日を使って秋山養蜂場を見学し秋山さんから養蜂の魅力を伺い、また、私自身がハチミツを採取することのワクワク感を語った。結果、集まったメンバーは10人。

スタートしてから校舎屋上の整地、巣箱設置、日々の手入れ、採蜜、瓶詰、販

生徒たちとつくった「雙葉はちみつ」　昨年の文化祭で販売

売、など苦楽を共にしてきた。メンバーとの関係性で大切にしてきたのは日々の学校生活での関わりだ。ひとつのプロジェクトを達成するという目標のもと、生徒と対等な関係で活動に関わってきた。一緒に学んだ2年間だった。

「思うは招く」って正にこのこと。思いを持ち続けること、そして思ったことを声に出してみることは大切だ。 **(つづく)**

○の中に女王がいます!

＊ミツバチのしり振りダンス

蜜源が近くにあれば円形ダンスを、遠くにあれば8の字ダンスをする。垂直な巣の表面で8の字ダンスが行われるとき、太陽の方向を基準とした蜜源の場所を、重力の方向を基準とした角度に置き換えている。蜜源から帰ってきてダンスをする働きバチの後を、仲間が数個体ついて回り、蜜源への情報を受け取る。蜜源が遠いほど、動きは遅くなる。

高等学校生物　啓林館　p300　第 11 章動物の行動　第 1 節生得的行動

＊静岡雙葉のコース制とは中学3年から高校2年までの3年間で取り組む総合的な学習・総合的な探究の時間。

＊プロジェクト学習とは

実社会に根ざした問題群を解決するために、学生が複数人でチームを構成し、共同で探求する仕組み。実社会の中で自ら問題を見出し、チームワークを発揮しながら、モノづくりやシステムづくりを通して解決することを目指します。

美馬のゆり（2018）『未来を創る「プロジェクト学習」のデザイン』
公立はこだて未来大学出版会

＊ハチミツの現状

- 蜂蜜の国内流通量は、約46,000トンで、うち国産が約2,800トン、輸入が約43,000トン。
  国産蜂蜜は4%ほど。輸入先：中国70%、アルゼンチン10%、カナダ7%。
- 国産蜂蜜のほぼ全てが家庭用仕向け。輸入蜂蜜は約55%が家庭用、約45%が業務・加工用仕向け(製菓・製パン、化粧品等)。

農林水産省 HP　農林水産物　品目別参考資料より

第1巻で「その2」は狩猟の「解体」と授業の「解剖」の違いを取り上げると予告したが、いまミツバチがマイブームなので、内容を変更しました。「解体」と「解剖」については第3巻以降で取り上げます(予定)。

連続企画 2人のファシリテーターが教育や学校についてアレコレ語ってみた――②

ワークの規模をデザインする

個人・ペア・グループ・全体ワークの効果と使い分け

ワークショップ会社 Active Learners を立ち上げたファシリテーター2人がぺちゃくちゃ語り合う本シリーズ。第2回は、学びの場のデザインにおける個人・ペア・グループ・全体の違いと使い分けについて話しました。

山ノ内凜太郎
合同会社 Active Learners 共同代表
わぐわぐ Works コアメンバー

米元洋次
合同会社 Active Learners 共同代表
学びーイングサポーター

学びの「軸足」

山ノ内◆最初によねさん（米元）の授業スタイルについて聞いてみたいんだけど、よねさんは学校の授業において個人・ペア・グループってどういう使い分けをしてるの？

米元◆英語の授業は実技に近くて、一人ひとりが授業内容を理解したりスキルアップしたりすることが基本にあるんだよね。その過程で、学びや気づきを拡げたり深めたりするために異なる視点が必要で、意見を誰かに伝える中で自分の理解度や習得度を自覚することができる。だから、自身の学びを整理するためにペア・グループワークを入れているかな。基本的にはペアで共有することが多くて、もう少し多様な視点を混ぜた方が気づきが多そうな時にはグループにするような感じ。ワークの後は、改めて個人で学び・気づきを見える化するために振り返りをして終わり。

山ノ内◆個人で考えて、ペア・グループで共有して、再度個人に戻って整理するような流れだね。一人ひとりの学びを大切にする場合はそれが自然だよね。それぞれが学んだこと・得たものを認識することが目的だから、個人での思考整理が必要だし、一人だけで取り組むと視点に限界が出てくるところを、人数を増やして新しい考えを入れてみたり、他の人からフィードバックを受けたりして、そこでの気づきを踏まえてまた個人に立ち返るっていう。

米元◆軸足が個人の学びに置かれている

授業も多いけど、軸足がグループにある協働的な課題解決の授業もあるよね。これは個人の学びが軸にある授業とは組み立て方が全く変わってくるかもなあ。自分と他のメンバーの強み弱みを把握して、お互いの違いをうまく補い合って取り組むことに主眼を置いた学びの場だと思う。だからグループがメインで、活動の最中や前後に個人で考えたり作業したりするんだけど、それはグループに還元されるんだ。

山ノ内◆そう考えると、よねさんの英語の授業でのペア・グループワークの意味って、個人の視点を拡げるために入れるイメージだけど、グループを基本単位として考えると、個人は役割の一つで、個々の活動がグループ内でかみ合うことで学びが機能するっていうことなのか。

米元◆こういうグループ活動の振り返りって、グループとしてと個人としての両方をするよね。課題に対して、グループとしてどのような活動をしたかって振り返りがあって、それとは別に、活動を通して自分が何を学んだかっていう振り返りもする。こういう学びの軸足をイメージしておくと、何となくグループで感想共有して終わり、ではない目的に沿った授業デザインができそうだね。

全体発表の意味

山ノ内◆全体発表って、それ自体は悪くないと思うんだよね。自分のグループがどんなことをしたのか伝えるっていう意味では良いと思う。ただ、全体発表を伴うワークでよく起こる現象って、時間が足りなくなることだよね。全体に発表できるレベルまで内容を仕上げる時間も、発表内容を正しく丁寧に伝える発表時間も足りない。内容の詰めも発表時間も不十分だから、結局発表者のしゃべりのうまさ次第で何となく評価されるものになりがちなんだよね。丁寧に全体発表するのであれば、各グループがどんな活動をしてどんなアウトプットに至ったのか知る時間として設定されるべきで、そのための時間を確保しなければいけない。

米元◆面白いね。全体発表が、各グループの成果物と、活動のプロセスそのものを共有するっていう２つの目的があるのか。

山ノ内◆そう。課題内容・成果物をグループで練り上げるのと同時に、その発表に至るまでどんな過程を経たか整理することも狙いになるよね。だから、グループでつくったものをとりあえず発表するっていうのは、情報共有自体はできるかもしれないけど、そこまで効果があるのかが気になるなあ。発表すること自体が目的化されてしまうと、ワークの時間に追われて「時間ないから、最後どうまとめようか……？」の方に意識が向いてしまう気がする。

米元◆確かに、会議体験のワークショップ型研修を運営している時、りんさん（山ノ内）から、「全体発表は行わないので自分たちのグループワークに集中していいですよ」って声をかけることがあるよね。その場の目的によっては、良い感じに発表しようって考える必要はなくて、とにかくアイデアをたくさん出すことに集中して、そう実践できたか振り返ることに意識を向けてもらいたいわけだ。

山ノ内◆全体発表を設けるのであれば、ワークの後でそのプロセスまで振り返ってもらって、「自分のグループがどこで盛り上がったかを3つ程度考えておいてください。その上で、結果として出てきたアイデアを5つ以内に絞って話してください」くらい、具体的に発表内容を示しても良いだろうね。

米元◆プレゼンテーションすることではなく、各グループがどんな取り組みをして何を成果として得たかを共有することが目的の場合、そこまでちゃんと指示を出しておく必要があるんだね。もしかしたらプレゼンさえ不要かもしれなくて、ホワイトボードとか壁に各グループの発表内容が見える化されていても良いわけだ。

グループサイズと効果

米元◆グループワークの運営方法だけど、グループの人数規模って目的によってどう使い分けているかな？

山ノ内◆グループ人数の多さって、情報量や視点の拡がりの他に緊張感・不安感にも関係するよね。人数が増えれば情報量・視点も増えるけれど、同時に、人が多いことによる緊張・不安でワークへの参加のモチベーションが変わると思うんだ。だから、まずは４人グループくらいが話しやすく組みやすいかもね。もちろん、グループメンバー同士の関係性も影響するから、お互いがよく知り合っているグループなら６～７人でも問題ないけど、そうでなければあまり大人数だと活性化しにくいイメージ。

米元◆他には、話し合いに必要な前提情報・レクチャーの量が多い場だと、その内容を理解・消化して自分なりに考えてからワークに臨む必要があるから、グループ人数は少なめから始めた方が丁寧だね。関係性ができていなかったり考えるためのインプットが多かったりするのに大きいグループサイズでポンっと投げてしまうと、人が多いからふとした想い・考えを話すハードルが高くなってしまいそう。

山ノ内◆ワークに関連した情報提供とグループサイズも影響し合っているんだね。

米元◆２人組のペアか４人以上のグループかは、話し合いへの臨み方に結構違いが出そう。例えば、メンバーを話し手と聴き手に分けてみると、話し手一人に対してペアだと聴き手は一人、グループだと聴き手が複数人いることになるから、意識的に使い分けてデザインしたいね。ペアってコミュニケーションの最小単位なんだよね。一対一だから、聴き手が話し手のあなたのことを受け止めていま

Active Learners' EYE

グループサイズの効果	全体発表のポイント
ペア 話し手・聴き手が明確 ◎話し合いへの安心感、 関係性づくり △視点の拡がりは限定的 **人数** **大人数** 複数人のコミュニケーション ◎多様な考えへの気づき、 新たな発想の獲得 ◎効果的な役割分担 △話し合いへの緊張や不安 △活動時間不足	**■目的を明確に** 活動内容・成果物の情報共有？ プレゼンテーションのトレーニング？ ……等、具体的に設定 **■指示は具体的に** 「話したことをまとめてください」 →何を、どのように発表するのか →目的に沿った指示内容 **■準備時間は十分に** 発表の準備に必要な時間を想像しながら 時間設定

その場の目的や講義内容の質と量、生徒同士の関係性等も
グループサイズの効果に影響する

す・承認していますっていう安心感のある関係性を築きやすい。グループインタビューの形式になると、対複数のコミュニケーションになる分、関係性が浅くなりやすいとも言えるし視点が拡がりやすいとも言える。

山ノ内◆ペアが着実な安心感の醸成や関係性づくりに結びつくんだね。対照的に、グループの良さ・強さは視点の拡がりとアイデアの掛け算っていう感じ。学びの場で丁寧にステップを踏むなら、個人で考えを整理して、ペアで丁寧な意見交換をして、そのペアが合体した４人グループで各ペアが話した内容を共有した上で、この４人で更に何が生まれるか発展させていく、なんて流れが基本の型になるのかもしれないね。 **（つづく）**

イラスト：やまぎしともや

合同会社Active Learners

「人が集まる場を、もっと面白くする」をモットーに、独自に構築したファシリテーションのマインドとスキルを活かし、行政・教育機関・企業などが主催するワークショップ型会議・研修・授業・イベントにおけるプログラムデザインや当日の進行を担当。自ら学び、考え、動く「アクティブ・ラーナー」があふれる社会の実現を目指し、年間100件以上の場づくりを企画・運営。著書『参加したい場を、一緒につくろう。』（共著・自費出版）。
https://active-learners.jp/

第2回

歴史は誰のものか
Being Historyを実践するための確認

皆川雅樹

産業能率大学経営学部准教授
学びーイングサポーター

本シリーズの目的 ▶ **本シリーズでは、「探究」とは何かについて考えてみたい。その際、「探究」に関わって、私（皆川）自身が気になった書籍を意図的に紹介し、その内容に基づいて述べていくスタイルをとりたい。したがって、「探究」について「探究」するとともに、それに関わる書籍へいざなう役割を本稿が担えれば幸いである。**

1. 歴史とは何か

「私たちが歴史を学ぶことを通じて、生徒も教師も自分自身の存在・あり方を探究することにつなげられる」

このような考え方について、前回「Being History」と名づけて提案した。

ここで、学ぶ対象となっている「歴史」とは何か。この問いをきいてまず浮かぶのが、E.H.カー『WHAT IS HISTORY』（1961年）である。日本語訳としては、**清水幾太郎訳『歴史とは何か』（岩波新書、1962年）**が長きにわたって読まれてきた。近年、原著第二版（1987年版）を底本とした**近藤和彦訳『歴史とは何か　新版』（岩波書店、2022年）**が刊行された。カーは、「歴史とは何か」という問いに対する「最初の答え」として、次のように述べる（新版43頁）。

> 歴史とは、歴史家とその事実のあいだの相互作用の絶えまないプロセスであり、現在と過去のあいだの終わりのない対話なのです。

歴史とは、歴史家と歴史的事実との関係であり対話であるということになろうか。この答えの前には、次のような説明がある（新版42頁）。

> あたかも［危険な海峡のように］、一方には、歴史とは事実の客観的編纂であり、事実は解釈より無条件に優位にあるという、あぶない歴史理論の

> 岩礁が存在するかと思うと、他方には、歴史とは歴史家の頭の主観的産物であり、歴史的事実を確定して解釈のプロセスを制御するのは歴史家であるという、やはりあぶない歴史理論の渦潮が出現するのです。言いかえると、一方は重心を過去におく歴史観、他方は重心を現在におく歴史観ですが、この二つのあいだをたくみに舵とりして抜けて行かなければならないのです。

歴史は、歴史家による「事実の客観的編纂」という重心を過去におく歴史観と、歴史家の頭の中の「主観的産物」という重心を現在におく歴史観という、二つの歴史家の歴史観のあいだにあることになる。この二つのあいだを「たくみに舵とりして抜けて」いくことが、「最初の答え」にある「現在と過去のあいだの終わりのない対話」につながる。

ここで気になることとしては、歴史が「歴史家と歴史的事実との関係であり対話である」とすると、歴史は歴史家がなすもの、歴史は歴史家のもの、ともとれることである。

2. 歴史は誰のものか

小田中直樹『歴史学ってなんだ？』（PHP新書、2004年）では、「歴史家は、歴史学の成果について、学界の外に広がる社会とは十分にコミュニケートしてこなかったのではないでしょうか」（21頁）という問題意識が提示されている。本書は、歴史を学ぶ意味や歴史学の存在意義を問う一書であるとともに、「歴史家」の仕事を紹介することで、社会とのコミュニケートをはかろうとしている。なお、小田中氏がいう「歴史家」とは、第3章「歴史家は何をしているか」を読む限り、歴史を専門とする歴史学者（「歴史学を生業とする人」という表現もあり）を想定している。

しかし、**上田信『歴史を歴史家から取り戻せ！』（清水書院、2018年）**では、「（カーが言うように）歴史家が究極原因とした事柄だけを取り上げて、それ以外の出来事は役に立たないからといって切り捨ててしまうと、歴史学は貧困になってしまう」（30頁）とする。カーが歴史家と事実（fact）との関係性で歴史を説明したことに対して、上田氏は私たち一人ひとりに降りかかる日々の出来事（incident）を歴史の構成要素ととらえ、そこから事件（event）に組み立てていく「史的な思考法」を提案する。incidentの原義は「内へ落ちる」であり、私たちが認識している事柄のなかに、ポトンと落ちてきたコトが出来事で、それを思索の過程で他の出来事と関連づけ、新たな認識が立ち現れたときにそれが事件（eventの原義は「外に来る」）となるという。出来事について、なぜ（why）やどのように（how）を問うことによって事件とすることができ、何を事件とするのかは歴史家だけではなく、私たち一人ひとりであるというのが上田氏の主張である。

歴史が歴史家だけのものではないという点でいうと、近年注目される学問分野として「パブリック・ヒストリー」があげられる。**菅豊「パブリック・ヒストリーとはなにか？」（同・北條勝貴編『パブリック・ヒストリー入門―開かれた歴史学への挑戦―』勉誠出版、2019年）**では、パブリック・ヒストリーについて「専門的な歴史学者が非専門的な普通の人びと、すなわち「公衆（the public）」と交わり、その歴史や歴史の考え方に意識的、能動的に関与する研究や実践」であり、「歴史の専門家である歴史学者が、そのような公衆とともに公共空間で歴史を創造し、提示する歴史実践」（8頁）と説明する。カーは、「歴史家」の内実を明確にしたり、その存在を問うたりすることはなかったが、パブリック・ヒストリーでは、歴史の専門家である歴史学者の関与を前提とした「公衆」もまた「歴史家」であることを提示しているのであろう。

このように、「私たち一人ひとり」＝「専門的な歴史学者や非専門的な普通の人びと（公衆）」であり、歴史の担い手であると言える。なお、ここで言う「専門的な歴史学者」には、歴史学者という人そのものだけではなく、彼らが執筆した学校教育で使用する教科書、専門書・一般書やWeb上での配信などの類も含まれるのではないか。そう考えると、公衆から歴史学者への間接的なアプローチも可能となる。

3. 自分事化して歴史を学ぶためには

これまでの歴史を学ぶ現場（主に学校）では、歴史（に関わる情報）は、歴史学者が提供するもの、もしくは学校であれば教師が媒介となって提供するものであった。歴史を専門としない公衆は、その情報を受け取り、ときに知識化する存在であった。しかし、パブリック・ヒストリーのような考え方を前提にすると、歴史を専門としない公衆にとっても歴史は、歴史学者という「他人」だけが考えたり、解釈したりするものではなく、「自分（たち）」もできるものとなろう（前巻で紹介した「歴史する（Doing History）」にもつながる）。

しかし、歴史を専門としない公衆が、歴史の史料・資料をもとに探究的に分析したり解釈したりすることはなかなか難しい。まずは、歴史を学ぶ中で「自分」とのつながりを感じたり見つけたりする作業が必要となる。

私が勤務先（産業能率大学経営学部）で担当する「現代日本の歴史」という授業で、歴史を学ぶ意味を考える回の授業後に、ある学生が次のようなコメントをした。

> 私は今まで、なんで歴史の授業があるんだろう、勉強して何になるんだろうと思ったこがありましたが、今日少しその疑問が解決された気がします。まず、「歴史を学ぶ＝昔の出来事を暗記してテストでアウトプットして寝たら忘れる」という前提として考えていたことが間違っていたと気づきました。歴史を学ぶとは、「現在」を起点として「過去」と対話するとありましたが、（中略）これを私なりに言いかえると、以前の出来事での失敗を、今同じことが起きた時に生かす、ということが歴史を学ぶ意義だと思います。

「暗記してテストでアウトプットして寝たら忘れる」のところに注目がいき、「歴史を学ぶということはそれだけではない」と説教したくなるかもしれない。しかし、ここで注目したいのは、「なんで歴史の授業があるんだろう、勉強して何になるんだろう」というこの学生の「問い」、学生自身のこれまでの経験の中から出てきた問いである。

このような「問い」が自分の中から生まれることで、歴史を学ぶことを「自分事化」していくきっかけにつなげていくことができるのではないか。**（つづく）**

どの子も違う
才能を伸ばす子育て 潰す子育て

中邑賢龍／著　中公新書ラクレ　2021年　定価860円+税

この本や筆者のことを知ったのは、いわゆる「ギフテッド教育」に関する記事や動画に触れたことがきっかけだった。

特別な才能に恵まれ、一定の分野に関して突出した能力を発揮する子どもたちがいる。そんな子どもたちにも、苦手な分野はたくさんある。その強い個性が、周りの人たちとの間に壁を作ってしまうということが起こる。不登校になってしまう例もある。

中邑教授がディレクターを務める東大・異才発掘プロジェクトは、そのような子どもたちに居場所や学びの場を提供する。そこには、学校とは違う環境の中で才能を発揮し、また伸ばしてゆく子どもたちの姿がある。

最初私はこのプロジェクト自体に興味を持ったのだったが、その根底にある考え方を知るにつれ、これはもう（特に日本の）教育そのものに関して広く問題提起をする研究・実践なのだということに気づいたのだった。

みんな同じであることを求める教育は、才能ある子どもを伸ばす芽を摘んでしまいやすいが、そもそもそれは決して特に優れた力を持つ子に限ったことではない。

どんな子どもたちも例外なく、本来伸ばせるはずのものを伸ばすチャンスを奪われているのではないか。学校や親たちの「失敗させないようにする教育」の息苦しさの中でもがいているのではないか。不登校の子どもが増えているのも、このことと無関係ではないだろう。

さらに、単一のものさしで子どもをはかり、優劣をつけることも然り、得意なことを伸ばすことよりも苦手なことをカバーすることに懸命になることも然りである。

この本の小項目を見直すだけで、いつも気づきと共感の連鎖が始まってしまう。たとえば「常に子育ての『答え』を求める親たち」「子どもの評価軸がテストの点でしかない」「子どもを保護しすぎる社会」「ユニークな生徒は教師の価値観から遠く離れている」「ほったらかして見守る」等々……。

激しく何回も頷きすぎて、痛めている頸の快復が遅れてしまいそうになるのだ。

（河口竜行）

失敗と越境の歴史教育
これまでの授業実践を歴史総合にどうつなげるか

宮﨑亮太、皆川雅樹／編著　清水書院　2022年
定価1,600円＋税

[目次]

「完璧な授業とは誰にとって完璧なのか？」(13頁)、「先生は、うちらにどうして欲しいん？」(34頁)、「先生、ごめんなさい。日本史点数取れませんでした」(45頁)、「学校の内側に閉じていた筆者」(64頁)、「歴史は生徒に語らせるもの」(73頁)、「自分の添削指導には不安しかない」(98頁)、「一人だけで『面白い授業』をつくろうとしてきたから失敗した」(122頁)。

本書には、いわゆる「アクティブ・ラーニングブーム」の渦中で、何かに気づきゆさぶられ、変容し続けてきた歴史教育に携わる著者たちの「実践と越境の歴史」が主に記されている。実践の中で得た課題と真摯に向き合うそれぞれの姿が、当時の葛藤や失敗とともに生々しく記されていて、まるで臨場感あるドキュメンタリードラマを見ているような感覚を私は得た。また、その後に記された研究者からの知見と見解（観点別評価との付き合い方、「越境」と歴史教育）が、これまでとこれからをつなぐ秀逸な接着剤となり、読者を次のドラマの主役へと誘う。

著者たちの実践の背景には「何を実現したいのか？」「なぜそれを行うのか？」という理想と理念がある。それらは人とのつながりの中で生まれ、変化する。気づくと目の前の授業改善から始まった実践が、学校改善、社会とのつながり、未来を見据えたものへと広がっていく。こうやって著者たちの共通点を見出していくことで「アクティブ(・)ラーニング」が日本の学校現場に伝えたかったこと、残したものが見えてくる。そう考えると、タイトルにある「越境」が確かに本書にはしっくりとくる。

校種や教科関係なく、「授業づくり」に興味をもつ教員全員に本書をすすめたい。生徒を主語として授業を捉えること、目の前の授業に至るまでのストーリーを追うことの重要性を再確認できるだろう。

（法貴孝哲）

一汁一菜でよいと至るまで

土井善晴／著　新潮新書　2022年　定価820円+税

[目次]

著者は料理研究家。父は料理研究家の草分け的存在の土井勝氏。『一汁一菜でよいという提案』はベストセラー。タイトルにあるように本書ではベストセラーに至るまでと、料理にまつわる彼の半生から見た日本の「食」というものの価値観の移り変わりと料理について語られている。

日曜日の夜、偶然テレビ番組でお名前を知っていた程度の土井さんの密着ドキュメンタリーを観た。柔らかい口調の関西弁で「ええ加減でええんよ」と語る土井さんの話に引き込まれた。「料理は自然と人を繋ぐものだ」と。理科の教員として自然と生徒を繋ぐ存在でありたいと願う私は、この言葉にとても興味を持ち、手にとった一冊。

ドキュメンタリーでは65歳の今が映し出されていた。色々な地方行脚や本にまつわる講演会、大学での授業など。番組の後半にはフランスでの一汁一菜の料理講習会があり、流暢にフランス語を話していた。フランス語を話せることに疑問を持ったがこの本を読めばその謎は解消された。それもそのはず、彼のキャリアはフランスから始まるのであった。帰国後は父・勝氏の料理教室のアシスタントを経て、日本料理（懐石料理）の老舗で修行。芸術化されたフランス料理と茶事を礎にした懐石料理の2つの一流と言われる現場で修行を積んできたからこそ見える、自然の産物である素材を加工する行為（＝料理）の価値や意味について深く掘り下げられている。そして行き着いた先は父・勝氏が生涯をささげて取り組んできた家庭料理。そしてその家庭料理に「淡々と仕事する後から美は追いかけてくる」という「民藝」としての価値を見出していく。家庭料理とは無償の愛であり、家庭料理こそが、純粋な料理の原点であるとする中で生まれた「一汁一菜」。一汁一菜を土台にして、都度何かをプラスするという考えを持って日々を豊かにしてみませんか。

『地球と人間の間に料理があります。料理をすることは、地球を考えることです』本文p232より　**（木村 剛）**

高等学校　新学習指導要領
数学の授業づくり

酒井淳平／著　明治図書　2022年　定価1,900円+税

[目次]

第0章　授業づくりの不易
第1章　新学習指導要領と授業づくり
第2章　数学のよさ、有用性と授業づくり
第3章　数学的活動と授業づくり
第4章　数学的に考える資質・能力を育成する授業づくり
第5章　主体的・対話的で深い学びと授業づくり
第6章　3観点の学習評価と授業づくり
第7章　授業づくりを考えるうえで核となるもの
第8章　新学習指導要領を授業に落とし込む方法

私立高校の数学科教諭である酒井淳平氏が、「数学の授業を通してどのような生徒を育てたいのか。授業で伝えたいことや育てたい力は何なのか」(11頁)という理念をもとに、数学の授業づくりへといざなうものである。ただし、本書は数学の授業づくりについてのノウハウ本ではない。「自分が教師になった理由や自分が思う理想の授業など、自分の根っこにあるものを確認するからこそ、自分の思いが実際の授業という形になる」(10頁)ことを、新学習指導要領をとりまくキーワードをもとに解説する。教師のあり方(Being)が、授業づくりに影響することを考えることができる、教科を越えたバイブルとも言える(各章の最後にあるコラムは、酒井氏のあり方がつくられてきた経験が語られている)。

本書の最後のページ(158頁)には、「本書のまとめ」として各章の関係性が図示されている。この図によると、第0章と第7章が本書の軸となっていることがわかる。両章では、「よい授業とは何か」「理想的な授業は存在するのか」という問いをもとに、「よい授業」づくりをするうえで大切なことを提示する。授業実践を通じてPDCAサイクルを回すこと、生徒が「できること」と「わかること」の違いについて理解しておくこと、自分の授業におけるwill(自分の実現したいこと)・can(そのときの自分が現実としてできること)・must(求められていること)を考えること、授業づくりの核は教員の教科観や生徒観であることなど。

「よい授業とは何か」「理想的な授業は存在するのか」という問いを通じて探究することは、教師を続ける限り終わらない(148頁「コラム⑧」)。「よい授業」「生徒も教師も学び続ける意味」を、本書を通じて考えてみませんか。　**(皆川雅樹)**

英語テスト作成の達人マニュアル

静哲人／著　大修館書店　2002年　定価2,400円+税

ポップでキャッチーなタイトルとは裏腹な、そもそもテストは何のために行うのか、という本質を外さずに詳細な理論と実践を記載した英語テスト論の本。本書全体を通して「望ましいテストとはまず何よりも、受験者がそのテストのための準備をすることが能力の伸長につながるような、学習者のためになるテストである」(まえがきⅲ頁)という前提が一貫しており、その実現のために以下の5つの提言が挙げられている。

提言1　応答として受験者が日本語を生成することを求める問題はやめ、英語を生成することで応答する問題のみ、あるいはそれに加えて記号による応答を求める問題のみにせよ。
提言2　いわゆる総合問題はやめ、1つの英文素材に対して施す「変形」は多くとも1種類にせよ。
提言3　それに従うことが受験者にとり最も効率的で有利であるような指示にせよ。
提言4　「～点満点のテスト」を作成するという発想を捨て、「～項目からなるテスト」を作成する、という発想をせよ。
提言5　授業内容に基づく定期テストなどのachievement testと、実力テストもしくは入学試験などのproficiency testは全く別のものであることを認識し、それぞれに応じた問題形式にせよ。(47頁)

提言2の説明において、1つの文章素材に対して語彙や語法・文法、内容把握などの異なる知識やスキルを一度に測る総合問題の「ミニクサ(醜さ・見にくさ)」と「ヤリニクサ」が得点の信頼性とテストの妥当性を下げるという指摘が印象的で、そのようなテストを改善するための提案の数々は現場で即実践できるようなものばかりである。第3章以降でも、小テスト・定期テスト・入学試験問題の考え方や作り方について、それぞれの「目的とプライオリティ」を明確にして提供されていて分かりやすい。

本書を読むことによって、授業デザインや授業改善に密接に関わるテストについて、学習者視点でその目的・効果を丁寧に整理しながら検討・作成する必要性に気づくことができる。　**(米元洋次)**

『シリーズ 学びとビーイング』編集部からのお知らせ

寄稿者や編集委員と連絡を取りたい方は

本書所収の論考を読んで、寄稿者や編集委員にさらに深い内容を聞きたい、授業を見学したいなどを希望される場合には、編集部をとおして連絡をとることができます。ただ、寄稿者の多く、また編集委員は全員、フェイスブックをはじめ、Twitter、インスタグラム、note、ブログなどのSNSをいくつか利用して発信しています。セミナーや研究会の講師をつとめることもあります。まず、自らつながりをつくってみることもお勧めします。

編集部では、次の２つの方法で皆さんのメッセージを寄稿者に届けます。

- フェイスブックページ「学びとビーイング」から

「学びとビーイング」のフェイスブックページをフォローした上で、運営者あてにメッセージを送ってください。フェイスブックページでは、ライブ動画の配信、イベント情報なども発信していますので、ぜひご参加ください。

https://www.facebook.com/ManaBeing

- りょうゆう出版のお問い合わせフォームから

次のフォームからメッセージを送ってください。

https://ryoyu-pub.com/contact/

＊いずれの場合も返信までに少々時間をいただきます。ご了承ください。

『シリーズ　学びとビーイング』LINE オープンチャットのご案内

日常的な情報発信や情報交換のスペースとして、LINEのオープンチャットグループがあります。イベントや出版情報も発信しています。右のQRコードからご参加ください。

『シリーズ　学びとビーイング』今後の予定

『シリーズ　学びとビーイング』は、第３巻「学校内の場づくり、外とつながる場づくり」を2023年10月、第4巻「学び続ける教師のあり方（Being）とは？」を2024年春に刊行予定です（テーマ名は仮）。特別寄稿を中心に、座談会、連載企画などで構成します。

河口竜行（かわぐち・たつゆき）

第1巻が形になって、それを手にしたり書店で見かけたりすることができるようになった。外部で研修講師の役目を承ったときには、まとまった数を持参して紹介をする。ありがたいことにその場で参加の皆様にご購入いただくという経験もできはじめた（もちろんさらにさらに多くの方々にお読みいただきたいと思っている）。

その後も編集メンバーの授業を見学に出かけて感動と衝撃を味わう。また、次々と届く寄稿原稿を楽しむ。さらには、座談会を行う。トークLIVEに参加してゲストのお話を伺う。連鎖するワクワクが自分を包んでいる。嬉しいです。

このシリーズ2が出る頃には、私は25年間所属した学校を離れ、新しい舞台でのチャレンジを始めているはずである。今後ともどうぞよろしくお願いいたします。

> 和洋国府台女子中学校高等学校国語科教諭。桐蔭学園・個人塾「河口塾」・渋谷教育学園渋谷を経て、23年4月より現職。産業能率大学経営学部兼任講師・キャリア教育NPO"JSBN"運営メンバー。コーチングの考え方・手法を用い、学びの主体である生徒・学生が、自分の意志で行動することのできる自立した存在になることを目ざした「対話型授業」を実践中。

木村 剛（きむら・ごう）

ハチミツプロジェクト2022シーズンは無事に幕を閉じました。目的であるハチミツの収穫はできたものの、シーズン終盤にミツバチにギイタダニが寄生し蜂群の死滅を迎えたのでした。秋にはオオスズメバチの襲来もありました。オオスズメバチは群でハンティングするというのを知ってはいましたが、本当に群でやってくるんです。2匹、3匹連なって。捕虫網で手当たり次第捕まえました。本当にドキドキな勝負です。何とかそこを乗り切ったと思った時にあっけなく全滅。畜産業の厳しさ、難しさを体感です。その後、静岡県養蜂協会の勉強会でダニ対策について学び、計画的な対策が必要なことを知りました。何事も勉強ですね。ただいま2023シーズンに向け準備をしています。新しいプロジェクトメンバーも決まり、3月中旬には新しい蜂たちを迎え2年目を迎えます。今季は蜂たちが越冬できるように学びを活かしてプロジェクトを進めていきたいと思います。

> 静岡雙葉中学校・高等学校教諭（生物）。アメリカンフットボールに集中した大学を卒業後、横浜市立高校の教諭となる。教員、野外活動の実践、少林寺拳法、狩猟、ベーシストなど多様な舞台で活動している。『学ぶキミを引き出す物理基礎』（企画/執筆協力、ラーンズ）、『アクティブラーニングに導くKP法実践』（分担執筆、みくに出版）。

法貴孝哲（ほうき・たかあき）

振り返ると学校での私の興味関心の一番はいつも「授業」です。いまも変わりません。教員なりたての頃は教科の専門性ばかりを追っていました。ただ、ある時期を境に、「健全な」学力の育成には、生徒の健やかな発達・成長が必要であると痛感し、認知心理学、学習理論、クラスづくり、ファシリテーションスキル、コーチングスキル……等を学びつつ、今日もTry & Learnを繰り返しています。かつて学習指導要領すらも読まずに自信満々に教壇に立っていた自分が恥ずかしいです（笑）。第2巻のテーマは「授業」。人と人とが時間と空間と問いを共有し合う場。「!」と「?」と「♡」が入り乱れながら自然と生徒が笑顔になれる、そんな素敵を共創したい!この文章を読んでいる皆さんともこれを機にたくさん対話できればと思います。遠慮なくご連絡ください。

> 清真学園高等学校・中学校教諭（数学）。SSH（スーパーサイエンスハイスクール）指定校にて数学の探究学習に15年以上携わっている。学校という時間と空間と思考を共有できる場で、自己・他者・教材との対話を通し、学び手がしなやかに成長していける授業づくりを追求している。東京書籍高校数学教科書編集委員、未来の教室ファシリテーションスキル研修修了。

皆川雅樹（みながわ・まさき）

2022年12月発行の『一橋ビジネスレビュー2022 WIN』（70巻3号）で「デザインとは何か？」という特集が組まれておりました。同雑誌でデザインとは、「人の手を加えてより良くすること」「計画をする行為」「網膜（視覚情報）のデザインと観念（アイディア、コンセプトや構成的思考）のデザイン」などさまざまな意味づけがされております。いろいろな授業者の授業のデザインやそれへの思い、あり方が、本巻で示されました。本巻をきっかけに、対話（ダイアローグ）の場がさらに広がったり、対話が深まったりするとうれしいです。前巻同様、毎月Zoomを使って打ち合わせ（対話）をしながら、本書第2巻が完成しました。まだ、あと2巻。安さん、本当に売れるんですか（笑）？

産業能率大学経営学部准教授。博士（歴史学）。元専修大学附属高校教諭（日本史）。日本古代史の研究を続けるなか高校教員となる。また、学習者を主体とした教育やアクティブラーニング型授業のあり方を常に追求している。『日本古代王権と唐物交易』（単著、吉川弘文館）、『アクティブラーニングに導く KP法実践』（共編著、みくに出版）、『歴史教育「再」入門』（共編著）、『持続可能な学びのデザイン』（編著）、『失敗と越境の歴史教育』（共編著、以上3冊、清水書院）などの著書あり。

米元洋次（よねもと・ようじ）

ほぼ100％手探りで先生方に原稿を書いていただいた第1巻が形になり、この第2巻では、それをご覧になりながら寄稿いただいた方も多かったのではと思います。その刺激もあってか、今回も、バラエティ豊かな方々により、ご自身の経験や日頃感じること・考えることが独自の視点で語られた興味深い内容に仕上がりました。

座談会でも話題に挙がりましたが、この本を通して、そもそも「デザイン」とは何か、「デザイン」に必要なことは何か、何をもって「デザインする・しない」と考えるのか……についてまなざしを向けると、Beingらしく思考を拡げ深められるのではと思います。

今後、オンラインでもオフラインでも、書き手・読み手の皆さんとこのシリーズの内容を肴に意見交換する機会があると楽しそうですね！

産業能率大学経営学部講師。合同会社 Active Learners 共同代表。元専修大学附属高校教諭（英語）。「参加者が主体的に学ぶ場ができればファシリテーターは一見すると消える」という行動理念のもと、ファシリテーション・カウンセリング・コーチングなどの要素を取り入れたアクティブラーニング型授業やワークショップを展開。著書『参加したい場を、一緒につくろう。』（共著・自費出版）、『アクティブラーニングに導く KP法実践』（分担執筆、みくに出版）。

安 修平（やす・しゅうへい）

周囲の方に本当に出るのかとご心配をいただいた第2巻がようやく刊行できました。原稿をお寄せいただいた皆さん、購入していただいた皆さん、ありがとうございます。今回は授業デザインをテーマにしましたが、授業って、生徒も先生も日々、変化・成長しているし、そのときのお天気や体調、家庭の事情などたくさんのことがらが影響するので、定型とかこれがベストというのはないのだと思います。原稿を読みながら、あらためて教える側、届ける側の難しさ、悩み、充実感などを知ることができました。いやあ、大変だけれど、素晴らしい世界が広がっているなあ。みんながそれぞれ自由に授業をつくっていけば、学校はもっと楽しくて居心地の良い場所になると確信しています。

合同会社りょうゆう出版代表社員。早稲田大学第一文学部ロシア文学専攻卒業後、母校の職員となり広報や教務事務を経験。30歳代半ばで出版社に転職。2019年に退職後、どうしてもつくりたい本があって、りょうゆう出版を始める。『学びとビーイング』はつくりたかった本のひとつです。

シリーズ　学びとビーイング
編集委員（学びーイングサポーター）
河口竜行（和洋国府台女子中学校高等学校教諭）
木村 剛（静岡雙葉中学校・高等学校教諭）
法貴孝哲（清真学園高等学校・中学校教諭）
皆川雅樹（産業能率大学経営学部准教授）
米元洋次（産業能率大学経営学部講師、合同会社 Active Learners 共同代表）
安 修平（合同会社りょうゆう出版代表社員）
編集協力　猿田詠子
本郷明美
DTP・デザイン　山中俊幸（クールインク）

■シリーズ　学びとビーイング（既刊）
1. いま授業とは、学校とは何かを考える
ISBN978-4-910675-03-9 C0037　2022年10月刊行

シリーズ　学びとビーイング
2. 授業づくり、授業デザインとの対話

2023年4月28日　初版発行

編著者　河口竜行
木村 剛
法貴孝哲
皆川雅樹
米元洋次
発行者　安 修平
発行所　合同会社りょうゆう出版
〒349-0217 埼玉県白岡市小久喜1102-4
電話・FAX 0480-47-0016
https://ryoyu-pub.com/
印刷・製本　中央精版印刷株式会社

ISBN978-4-910675-05-3 C0037